100 notions
跨媒体传播百词解惑

pour le crossmédia et le transmédia

[法] 茜斯莲娜·阿兹玛赫 / 著
张楠 等 / 译
魏向清 等 / 审订

人民教育出版社

图书在版编目（CIP）数据

跨媒体传播百词解惑 /（法）阿兹玛赫著；张楠等译. —北京：人民教育出版社，2013.9
 ISBN 978-7-107-27345-2

Ⅰ.①跨… Ⅱ.①阿… ②张… Ⅲ.①传播媒介—名词术语 Ⅳ.①G206.2-61

中国版本图书馆 CIP 数据核字（2013）第 212558 号

人民教育出版社出版发行
网址：http://www.pep.com.cn
人民教育出版社印刷厂印装　全国新华书店经销
2013 年 9 月第 1 版　2013 年 9 月第 1 次印刷
开本：890 毫米×1 240 毫米　1/20　印张：10.5
字数：203 千字　印数：0 001～2 000 册
定价：31.20 元

如发现印、装质量问题，影响阅读，请与本社出版科联系调换。
（联系地址：北京市海淀区中关村南大街 17 号院 1 号楼　邮编：100081）

译　　者：张　楠　方　舟　王成礼　刘润泽
　　　　　周建建　胡　叶　江　娜
审　　订：魏向清　郭启新　张　杰　杨　阳

策　　划：王　岳
责任编辑：刘　玲
封面设计：李宏庆　于　艳

前　言

《跨媒体传播百词解惑》一书专为那些在数字传播领域的专业人士和学习者而创作，希望能帮助他们认识理解"跨媒体"这一现象，应用"跨媒体"来实现数字传播领域各专业间的真正合作。

数字传播领域所涉及的专业各不相同，既涵盖了信息技术、数字艺术，又涉及人文科学，各个国家之间在职业分工及教育等方面也存在着巨大差异，但是在该领域的职业训练里还是有许多共通的基础知识需要相互学习。

既然是一个传授"跨媒体"基础知识的作品，当然其呈现模式也应与其相呼应。它将是一个全面的教育与交流相融合的跨媒体作品，包括：

➤ 一本介绍该领域基础知识的互动图书；

➤ 与互动图书配套的网站（www.100notions.com），一个数字传播领域专业人员及学习者相互交流并合作的国际性网络平台，同时也是一个跨文化传播的工具；

➤ 在移动媒体上的全面应用，包括各种形式的配套练习，例如一些有助于熟练操作、记忆训练、巩固知识的问答和测验，主要是为了达到自我提高的目的。

互动图书及配套网站是要提供一种结构严谨的科学工具，它将把"跨媒体"标题下的各种媒体的重组所产生的概念用其自身的方式来呈现，希望能吸引读者关注数字媒体的发展、传统媒体的转变和新媒体开发的策略，使他们能够一起参与国际性的跨行业互动。

我们将要一起从事的事业既具有合作性和协调性，也具有科学性和实用性，同时还具有历史性意义，因此它将是我们为大家提供的一场最具创新意义的数字多媒体的文化盛宴。

茵斯莲娜·阿兹玛赫

目 录

1 | 版权 ························ 2
2 | 病毒式传播 ················ 4
3 | 产业集群 ···················· 6
4 | 超媒体 ······················ 8
5 | 沉浸 ························ 10
6 | 城市电子显示屏 ·········· 12
7 | 传播 ························ 14
8 | 触控屏幕 ···················· 16
9 | 大型活动管理 ·············· 18
10 | 大众筹资 ···················· 20
11 | 点对点传播 ················ 22
12 | 点对多点传播 ·············· 24
13 | 电子阅读器 ················ 26
14 | 订阅 ························ 28
15 | 定位 ························ 30
16 | 多点传播 ···················· 32
17 | 多功能性 ···················· 34
18 | 多媒体 ······················ 36
19 | 多渠道营销 ················ 38
20 | 多文本性 ···················· 40

21 | 二维码 ······················ 42
22 | 发明和创新 ················ 44
23 | 蜂鸣效应 ···················· 46
24 | 高速和超高速互联网 ····· 48
25 | 个人品牌推销 ·············· 50
26 | 个人数据 ···················· 52
27 | 个性化广告 ················ 54
28 | 广告代理商 ················ 56
29 | 广告客户 ···················· 58
30 | 互操作性 ···················· 60
31 | 互联网服务提供商 ········ 62
32 | 集体智慧 ···················· 64
33 | 集体作品 ···················· 66
34 | 兼容性 ······················ 68
35 | 监控 ························ 70
36 | 交叉媒体 ···················· 72
37 | 交互产品 ···················· 74
38 | 交互媒体 ···················· 76
39 | 交互性 ······················ 78
40 | 脚本撰写 ···················· 80

| 41 | 界面 …… 82
| 42 | 开源 …… 84
| 43 | 客户忠诚度 …… 86
| 44 | 跨媒体 …… 88
| 45 | 跨媒体经济 …… 90
| 46 | 跨媒体使用 …… 92
| 47 | 跨媒体协同 …… 94
| 48 | 跨媒体作品 …… 96
| 49 | 流式传输 …… 98
| 50 | 媒介传播 …… 100
| 51 | 媒介化 …… 102
| 52 | 媒体 …… 104
| 53 | 媒体策划 …… 106
| 54 | 媒体代理商 …… 108
| 55 | 媒体混合 …… 110
| 56 | 门户网站 …… 112
| 57 | 免费经济模式 …… 114
| 58 | 免费增值商业模式 …… 116
| 59 | 目标客户 …… 118
| 60 | 品牌叙述 …… 120
| 61 | 屏幕 …… 122
| 62 | 企业身份 …… 124
| 63 | 企业形象推广 …… 126

| 64 | 全方位传播 …… 128
| 65 | 商标 …… 130
| 66 | 商业赞助 …… 132
| 67 | 社交网络 …… 134
| 68 | 射频识别技术 …… 136
| 69 | 视窗微件 …… 138
| 70 | 数据库 …… 140
| 71 | 数字权限管理系统 …… 142
| 72 | 数字身份 …… 144
| 73 | 数字原住民 …… 146
| 74 | 推介模式 …… 148
| 75 | 推送机制 …… 150
| 76 | 图形界面 …… 152
| 77 | 网络 2.0（web 2.0） …… 154
| 78 | 网络共享 …… 156
| 79 | 网络广告 …… 158
| 80 | 网页设计 …… 160
| 81 | 网站平面设计 …… 162
| 82 | 文件 …… 164
| 83 | 协作平台 …… 166
| 84 | 信息 …… 168
| 85 | 信息生态系统 …… 170
| 86 | 虚拟 …… 172

| 87 | 虚拟角色 ······ 174
| 88 | 虚拟设计 ······ 176
| 89 | 序列性 ······ 178
| 90 | 叙事 ······ 180
| 91 | 严肃游戏 ······ 182
| 92 | 衍生商品 ······ 184
| 93 | 移动性 ······ 186

| 94 | 用户个人信息 ······ 188
| 95 | 用户兴趣统计工具 ······ 190
| 96 | 域名 ······ 192
| 97 | 云计算 ······ 194
| 98 | 整合营销传播 ······ 196
| 99 | 智能电视 ······ 198
| 100 | 作品所有权 ······ 200

1

版权

版权是立法者赋予原创文学或艺术作品创作者（有时是制作者）的一系列特权。版权包括两方面内容：一是作品使用权，这是一种易于转让、具有经济价值的权利；二是不可转让的精神权利。

根据《伯尔尼公约》，精神权利是一项归创作者所有的永久性权利，不可剥夺，不可转让，亦不可侵犯。这一民法规定申明了作品创作者的作者身份，承认了创作者的风格，把创作者和作品联系在一起。从这种精神权利衍生出的特权主要有作品出版权、作品署名权、作品受尊重权以及撤销作品的权利。精神权利的基础不在于作品或投资，而在于文化创造政策和对创作者个体性的认可。

版权的另一方面是作品使用权。为创作作品所付出的努力和投资是该权利的基础。谈到作品使用权，就可能会牵涉到作品的经济价值。人们一般通过复制或表演该作品的形式获取经济利益。这一作品使用权正是作品、作品媒介和公众之间关系的结合点。艺术创作的产业化和创作某些作品的高额成本说明了作品使用权的重要性，因为它有助于收回投资成本。

跨媒体作品一般有多个创作者，他们通过集体劳动或协作来制作多样的、互相关联的、运用多种载体呈现的作品。跨媒体作品尚未获得法律的认可，所以，为了确定保护权和发布权的指标，必须使用清晰界定的产品类目和计划，而这些必须依据作品的性质（如软件、数据库和音视频文件等）或者根据作品是集体创作还是协作创作来确定。

对于跨媒体作品而言，是把它看作一件单独的作品还是相互关联的多件作品，这个选择将决定跨媒体作品的版权形式，即跨媒体作品是享有"特别版权"，还是根据已有的法律分类，将其切割成几件作品。版权法的法律体系必须能够解释因媒体形式不同而改编内容的情况。跨媒体作品是集体创作还是协作，会影响到其版权所有人的确定。版权所有人可能是项目管理者（或雇主、制作人、出版商等）或共同创作人。

跨媒体创作策略将线性叙述机制和交互协作机制结合起来，其中的一些具体特点可能使参与跨媒体作品创作过程的公众和用户的地位很难界定。由于跨媒体作品通常是开放式的，因此，很难将其纳入传统法律机制的框架内。

2

病毒式传播

  病毒式传播是指信息传播速度成指数级不断增长的现象。病毒式传播是互联网上信息传播的主要方式之一。

对于病毒式传播的宣传活动而言，用于发起活动的互联网营销策略有两个出发点：一是在优化搜索引擎方面的投资；二是对区域扩散网络的分析，其中后者主要涉及确定主流论坛、博客、博主、脸书（Facebook®）页面和推特（Twitter®）消息。病毒式网络传播24小时不间断地传递信息。从发送连环邮件到社交网站上的信息共享，其信息传递方式愈来愈具有针对性并不断得到优化。

病毒式传播往往基于与人分享的需要，而分享行为又有可能是为了获得高质量的信息内容。创作这些高质内容的另一个目的是从赞助者那里获得赞助。

很难定量或定性地预测病毒式信息传播的影响力。从定量层面分析，推动病毒式传播大规模进行的要素有以下几个方面：在关键环节信息传播到位；利用脱机媒体离线传播信息；在引用链接和赞助链接方面的投资。但是，其影响结果还是难以预测。

从定性层面分析，由于目前普遍采取用户参与模式，在病毒式传播过程中，信息的内容也不断发生改变。在这些系统的作用之下，传播的信息被接收、发生变化并被再次传播；一般来说，很少采用没有任何改动的传送或转发模式。在传播过程中，信息内容极有可能失控。

信息病毒式传播在结构上与多点传播不同。多点传播是在一定时间内、以线性方式、向相对固定的受众传播特定的内容，其效果是可以预测的。而病毒式传播是步步为营的渐进式信息传播，是在不确定的时间内向可能的受众传输信息，其效果难以预测。当然，这两种信息传播体系也可以互补。多点传播可借助病毒式传播来吸引更多受众，从而推广和发起项目，如在频道的网站上、社交媒体群或博客上创建项目的链接。原本只通过病毒式传播的信息也可以通过多点传播方式进行传播，以向普通大众证实或透露一些坊间口口相传的信息。

由于媒体自身的多样性和互补性特征，多点传播和病毒式传播可互相混合，这正是跨媒体模式运行机制的基础。

3

产业集群

　　产业集群是指某一特定行业中大量密切相关且相互支撑的企业实体在空间上集群的现象。产业集群的目的在于刺激集群地区的经济发展,扩大其在国内或国际市场的影响。

在地区商业环境十分有利的情况下,产业集群便可自发形成（如美国的硅谷）。但通常情况下,政府部门会牵头组织和协调,促成产业集群,推动当地经济和社会发展。从理论上说,产业集群依靠行业集中的优势而产生商业价值,能够吸引投资、提供就业岗位、为政府创造税收等。进行产业集群时,政府会根据当地现有环境优势进行规划,并优化未来投资,如在运输物流网络、光纤和数据中心等方面的建设。

就自身情况而言,如果在产业集群模式下运营,公司通常能够享受到税务补贴、公共融资等诸多优惠条件。它们能够共用基础设施和生产设备,能够通过地理位置的集中来降低交易成本,参加企业孵化器和培育所,与公共部门和非盈利组织联手来共享研发成果,传播知识和技术。产业集群的运营模式还能够将规模和业务以及经营目标各不相同但优势互补的公司联合起来,促进项目合作等。由此可见,产业集群可以为关联企业提供优越的发展环境。

在信息技术传播领域,跨媒体应用是产品研发工作的中心所在。跨媒体产品也是不同层级的生态系统之间的合作结果。制造商、生产商、经销商和消费者永远处于互动的关联之中。由于这几个层级之间的资源与需求都不均衡,它们不断交流互换,以达成彼此间的平衡,因此,就形成了跨媒体应用、相关技术的发展以及产品的增值分销。在互联网全球普及、联网愈加便捷的今天,人们建立地域合作的机制更加灵活,以求增强产业经济发展潜力。扎根某一地域的产业集群,其发展目标通常是力求成为行业霸主,甚至是形成垄断。这种情况在信息传播领域尤为突出。

4

超媒体

超媒体是指增强的媒体聚合技术。它与某种计算机技术相契合,是超文本技术的媒体化扩展。在超媒体应用中,用户可以通过链接访问添加的信息形式,如文本、静态或动态图像、视频等。从某种角度讲,这些数据是轻点鼠标即可获得的一个信息子层。

这种功能曾以不同形式贯穿于文字排版的各个方面，如脚注、首字母缩写、插图、图片、甚至还有将作品在多个"视窗"中进行布局等。这些形式都体现了语义呈现的复杂性，也呈现了以改善信息传播、让人们更好地阅读和理解为目的的各种设计方法。但是，这些方法的应用都受到纸张这种物理介质的限制。

一些富有想象力、有创新精神的作家和出版商，试图找出各种打破纸质限制的方法。就拿儿童图书来说，信息的呈现就不仅利用纸张的单一页面。把书页充作书籍的一个个折点，用来展开其他的页面、打开或恢复不同版面区域、或分割页面来让孩子们看到书页另一面的内容。这些呈现方式鼓励年轻读者与书籍互动；书页上的动画，虽然只是简单地用纸板卡片制成，但同样也形成了知识与乐趣相结合的信息对象。巧合的是，这些理念不仅影响了最早的青少年光盘读物，当今平板电脑等的应用中所能看到的简洁和富有诗意的特点也是这些理念所启发的。

如果说超文本概念属于软盘那个年代，那么，超媒体技术就是光盘时代的产物。超媒体应用的意义在于存储容量扩大了，用户可以不局限于文本而使用其他形式的数据来呈现信息。出版商更喜欢用多媒体技术这一概念，而超媒体和多媒体也是同一时代的产物，两者有很多相似之处。它们的主要差别在于，超媒体概念所包含或提倡的是非闭环形式；而光盘介质的媒体应用则受到限制，一般归为多媒体技术。

文本仍处于信息形式的中心地位，超媒体技术是将文本丰富化和语境化的可行方法之一。超媒体的功能，带来了新的文件呈现方式，即可以从当前的单个界面引入其他更深层的阅读资料，让读者能够获得大量的数据信息。

高速互联网的出现又克服了超媒体技术的局限。最初为文本所用的地方，可以使用视频和实时3D动画代替，以丰富文本和图像数据的信息呈现效果。跨媒体技术摆在人们面前的诸如叙述结构的改变、信息非线性化和语义断裂等问题，都能在这些技术应用中找到新的解决之道，而这些问题已在超媒体技术最初的试验阶段有所显现。

5

沉浸

　　沉浸是指用户融入计算机所呈现的虚拟世界的感官体验。沉浸可以分为完全沉浸和部分沉浸。现有技术条件仅能提供部分沉浸的效果。目前,最先进的沉浸技术主要集中在封闭空间四周的三维成像以及动作捕捉上。

一旦用户能够将自身投射到虚拟世界中，就可以说是达到了部分沉浸的效果。如果在游戏中用户由某个虚拟角色来代表，这种部分沉浸的方式与游戏的视角一致。该游戏虚拟角色可以直接显示在屏幕上，或者仅显示该游戏虚拟角色的视域范围（第一人称视角），以增强用户的沉浸感。这种沉浸方式主要为第一人称射击游戏（FPS）所用。它通过游戏的速度、反应、主观视野、向其他玩家展现的虚拟角色，以及使用的武器或射手的存在等来制造沉浸效果。与不同的游戏和每台服务器的实施规则相应，大型多人在线游戏（MMO）和大型多人在线角色扮演游戏（MMORPG）有时也使用这些沉浸方法，但其独特性在于心理沉浸。心理沉浸与网络世界的延续性和虚拟互动的可能性有关。大型多人在线角色扮演游戏中有些复杂的角色扮演也是心理沉浸的原因之一。除了电子游戏之外，这种部分沉浸方式还可用于培养文化或地域意识等领域的活动。这样，就可以通过呈现经强化的现实和全息显示装置、而不是老旧的纪念碑和古代遗迹来创造历史沉浸效果。

可交互的完全沉浸技术还在开发中，不过已经在提供新的虚拟体验，只是目前这种技术的操作还不够流畅。此外，针对沉浸模式的创作和编剧方案还有待创新和多样化，并且需要根据是使用增强现实眼镜，还是在全封闭环境（游乐场中的3D屏幕）中的沉浸来做出相应的改变。

跨媒体技术整合了多种虚拟的可能性，使之为一个基本不变的现实世界服务。以智能手机为代表的便携性使这种虚拟技术应用融入到日常生活中。尽管交互产品和机器人的发展似乎与沉浸技术背道而驰，但因其物理现实性和网络连接性，它们可以做出具体的改变，从而将交互功能引入到主要是虚拟的世界中去。

6

城市电子显示屏

  城市电子显示屏是指安置在公共空间、用以与人们或移动智能产品进行沟通和信息交换的设施和集成设备。

城市电子显示屏是一种特殊的智能产品，其特点与家庭自动化中的家电产品有所不同。自动化家电产品更针对于私人空间，而城市电子显示屏侧重公共服务或提高服务质量，还可以用于商业和广告宣传。

城市电子显示屏最初以分销商安装的电子产品和电子亭为主，后来这一概念所包含的设备类型不断增多，人们也一直在探讨能够将城市电子显示屏更好地融入公共场合的新方法。城市电子显示屏的发展，受益于一系列电子技术的发展，如联网技术、传感阵列技术、动作传感器技术、面部识别技术、定位技术、全息图像技术、高精度触屏等，不一而足。

从提供服务方面来看，城市电子显示屏能够增强人们的现实体验，管理访问权限，提供设备所处公共空间的相关信息，还可与用户的移动智能产品互联，同时还可提供其他服务。

从广告传播方面来看，城市电子显示屏能够实时按需调整所显示的广告，统计观看广告的人数，以不同方式吸引人们的注意力，等等。在公共空间进行广告宣传，由于受众过多，一时很难进行个性化的信息传播。当然借助于强大的计算机技术，通过与用户的智能产品互联或使用面部识别技术，这一点可以做到。在城市电子显示屏中投放的广告，由于已经根据设备所在位置做了优化调整，能够利用电子显示屏中的智能设备，根据广告播放的不同时段进行相应调整。

从销售方面来看，城市电子显示屏能够实现无人贩售，还能根据环境与时间的不同进行相应的调整。

在充分利用公共空间向公众提供信息方面，城市电子显示屏能够大显身手。它也是跨媒体领域中使人们非常感兴趣的话题，因为城市电子显示屏能够在公共场合为人们提供多媒体体验。在跨媒体体验中，城市电子显示屏是唯一不为个体用户所有的媒介，然而这并不意味着互动活动会受到阻碍，比如可以将用户的移动智能产品与一些城市电子显示屏互联，并以此展开交互活动。

7

传播

　　传统意义上的传播可以由三个术语界定，即发送者、接收者和信息。发送者试图通过向接收者传递信息与其建立联系。当接收者回应信息时，发送者与接收者之间就进行了相互交流，实现了信息的双向通信。相反，如果接收者只接收信息而不做出反应，那么，二者之间的联系就是单方面的，即单向传播。

如今，传播方式呈现出多样性与专业性特征。通信时，须特别考虑以下几个因素：发送者和接收者的类型、信息的发送环境和发送渠道。

从传统意义上讲，信息的发送者与接收者双方有着相同的本质特征，比如二者都是人。如今，在日常传播活动中，人机之间的信息传播非常重要，尽管二者的本质特征迥然不同。不过，通过应用智能产品，机器之间的同质传播日益增多，这就相应地减少了对人机互动的需要。信息发送者与接收者之间的传播模式也有赖于传播环境，这一点在人际交往中尤其重要。

根据传播目的和信息编码方式调整通信模式时，应该考虑传播环境，因为它会影响对信息的理解以及信息的传播范围。限定词（如"公司的"或"部门的"等）的使用表明，传播环境是传播活动的一个限定因素。因此，传播是一项依赖其环境并与之相适应的活动。这也可以说明传播的多样性和某些通信类型的专一性。

传播渠道决定了应该如何对传播模式做出调整。各种渠道都有其独特的技术特色，其传播渠道可以是单向的或多向的、短途的或长途的、具体的或大概的、低廉的或高昂的等等。各具特色的传播渠道影响着传播模式和信息形式。如今，传播渠道已经发生了广泛变化，其中特别值得一提的是传播渠道的私有化、媒体和电信集团的结构重组、数字化的急速增长以及与互联网相关的新型传播方式等。

这些不同的传播渠道具有互补性。全方位传播旨在运用所有可用的渠道，尽可能全面地传播信息。

触控屏幕

  触控屏幕,简称"触屏"。指用户无需中介设备、用手直接触碰便可令电子设备产生操控效果的屏幕。触屏技术让我们的身体与科技的直接交流变成现实。

安装在触屏中的设备可以感知点状接触并产生相应的操控效果。这项技术改变了用户和屏幕与光标之间的关系，同时带来了信息导航方法的变革。

触屏技术成本相对较高，且使用时需要用户与屏幕近距离接触，因而此技术最适合用于小尺寸屏幕。我们在手机、平板电脑、电子阅读器、交互平台、带有预设功能的终端上都用到了触屏。触屏技术与智能设备的结合，让孩子甚至老人都能成为信息沟通技术的使用者。不过从人体工程学的角度看，使用触屏也给一些人带来不便，如手指的大小会影响使用效果，且带有触屏设备降低了用户输入信息的需求。

用于生产触屏的技术有很多，但产品的精确程度却不尽相同。比如，有些触屏设备不支持多点触控功能。多点触控技术可以使屏幕同时识别多个点的接触而产生操控效果。在简便信息导航与多种屏幕交互操作时就要用到此技术。对此类触控设备生产商而言，掌握触屏的滚动和缩放等操作技术，即手势触控技术至关重要。如今多点触控的专利掌握在美国的苹果公司手中，苹果公司也建立了严密的法律壁垒来保护此技术。

触屏还可以和 3D 流技术相结合，开发 3D 导航。虽然触屏可以代替其他诸如鼠标、键盘、控制器、遥控器等中介设备，但使用时仍需接触屏幕。不过也有一些动作传感仪可以做到与屏幕无接触操作，然而其精确程度仍有待提高。

触屏技术是跨媒体应用的关键技术。一些像手机或平板电脑这样带有触屏的设备，可以用作电视和电脑等非触屏设备的触摸遥控器。同样，也可将大屏幕上的内容复制到较小触屏上，以小屏控制大屏，并允许用户切换至输入模式，使导航浏览更加便利。这些技术的结合可以弥补智能电视在操控方面的不足，更方便用户使用。

大型活动管理

大型活动管理行业负责组织和管理各类大型活动,主要涉及大型活动流程编排、操作现场布置和宣传方式选择等方面。

大型活动是指大量对某事物感兴趣的人，在某时某地同时聚集后所进行的活动。活动既可以是纯粹宣传性的，如使用条幅宣传的产品发布会；也可以是收费性质的，比如音乐会。这些不同类型将大型活动演变成人们就某一主题进行互动交流活动的最佳场所，会员制度也能在其中得到很好的应用。

在大型活动管理中，引进跨媒体技术能够提高互动性和数字化程度，从而增强用户体验质量。跨媒体技术能够提高票房、形成观众群体并使观众参与到活动当中。在大型活动过程中，跨媒体技术使组织者可以利用手机平台与观众互动，让他们参与进来，提供活动反馈信息，购买主题相关产品以及注册成为活动的会员等等。活动结束后，收集到的观众信息、活动视频和图片记录都可以用来在网上非实时地追踪关注。

跨媒体的大型活动管理还有一种表现形式，那就是通过互联网发布信息，召集大量的人在特定地点同时集结。这一方式称为"快闪行动"，多用于文化集会或政治游行。这一模式利用网络沟通速度快和社交网络关系数量多的特点，结合真实的地点，将人们快速聚集起来，将 Web 2.0 时代里人们按兴趣建立的虚拟群组搬到了现实世界中。

跨媒体技术在大型活动管理中的应用，主要依靠信息推送系统来促成活动进程同步，提示用户点击流的走向，提高活动编排的质量。应用跨媒体技术的大型活动更加重视观众，他们不再是被动的信息接收者。在这些活动中，观众的范围也将扩大而不再限于亲临现场的人们，活动直播使得不在现场的观众如身临其境般地也参与进来。直播技术已在传统大众传媒中得以广泛应用，而在跨媒体活动中，这无疑将从另一个角度扩大活动的涉及范围。

10

大众筹资

　　大众筹资是指通过寻求互联网用户资助来为项目筹集资金的方式。大众筹资为项目筹划人打开了传统融资手段之外的另一条集众人之力的筹资渠道。

大众筹资方式之所以能够推广开来，是因为大众筹资项目的出资者很可能就是此项目潜在的客户，所以其投资目的性更强。再者，大众筹资的特点之一是项目贴近消费者，使人们更加关注做出的产品。同时，大众筹资方式又借助传统媒体，将这种新媒体创新产品向更多人推广。一些业界人士可能会受此模式启发，在大众筹资项目中增加传播投入，充分利用媒体聚焦，达到自己的目的。实际上，大众筹资这一体系虽以鼓励创新、促进商业道德发展、贴近用户和追求项目的独特性为初衷，但大多还是旨在推出标准化的产品。

能够获得大众筹资平台筹资机会的项目主要涉及三个领域：慈善事业、艺术行业和科技产业。项目的申请描述多以陈述项目如何能够服务于大众、项目执行团队的素质品行以及资金对项目的重要性等方面为主。大众筹资项目拥有项目资金监管机制，同时在项目中采纳投资者的建议，从而使项目更加贴近用户，双方关系也更加融洽。不同行业的项目都有各自的投资目标。人道项目的产品多为满足投资网民的心愿，因为他们投资目的或是慈善捐赠，或是为了获得网友赞赏。科技类项目更多带有补偿和回馈投资的目的，比如在产品正式上市之前送给捐资者以示感谢，或以微投资的方式回报网民。艺术项目则是为了资助非主流文化的发展。

大众筹资方式对出资者的回报因平台而异。有的人进行捐助并不图回报，有的希望获得经济利益，还有的人抱有一些特殊目的，比如借此提高声誉，或在产品上市销售前获得该产品和其他赠品等。大众筹资平台在所投项目中的角色和责任也不尽相同，有的平台不仅投资，还在销售、生产和推广等方面为项目提供服务。

大众筹资方式快速灵活，它能够很好地顺应当前网络小额支付和移动应用的趋势。因此，不仅应用面广，可以在便利店里设置捐助点，还能够利用不同媒体进行联动宣传，在推广上产生共鸣效应。大众筹资方式能够让消费者从始至终参与生产的各个环节，因此能够在跨媒体生态系统中得到发展与应用。

11

点对点传播

　　点对点传播、多点传播和点对多点传播是服务于信息传播和远程通信的三大信息传播系统。点对点传播是该三大系统之一。其特征是允许信息发出者和信息接受者进行一对一的交流，这里的发出者和接受者通常是个体。它既可以同步，也可以异步。此类传播基于一种物理对话模型来实现互通和传播。

从历史上看，电话是第一种家用同步远程语音交流设备。而近来互联网飞速发展，促成更多此类设备的产生。这些设备以文本为媒介，如即时消息软件和聊天室等，后来又加入声音、视频等元素，使得视频会议流行起来。在这里，点对点主要是指通信设备。

点对点传播还包括基于邮件模型的异步通信形式。信件、电报、传真、电子邮件、短信息、语音信息等都是对异步点对点传播技术的应用。

此类传播技术通常具有高度的交互性和个性化特点。理论上讲，发出供交流的信息内容仅指向一个接受者，但通过商业化的定制策略，可以将点对多点传播形式改头换面，伪装成点对点传播。这种手法常用在广告运营和商业策略中，即通过把从个人信息里获取的数据放入统一的内容中、再分别发送来实现。其实现形式通常是邮件派送、电话营销和垃圾邮件。

现在，像手机这种结合同步和异步模式的点对点传播工具正在拓展其应用范围。此类传播设备的移动性增强了点对点传播的同步性。高度的移动性、定位技术和高速互联网使人们能够做到随时随地联网，并实现在单一媒体上的多形式互动。

12
点对多点传播

　　点对多点传播、多点传播和点对点传播是服务于信息传播和远程通信的三大信息传播系统。点对多点传播是该三大系统之一。在该系统内,既是发送者又是接收者的个体可以发送、接收信息,还可以异步地与其他兼具发送者和接收者身份的多个个体互相交流。

点对多点传播体系有助于众多相关的人或事物共享和传播信息。互联网曾是点对多点传播系统的典型代表，一直在全球范围内传播并交流信息。互联网提供了获得多种信息的渠道，并极大地增强了网络用户间的互动。在 Web 2.0 模式下，早期网络论坛中已有的协作理念也体现在编辑性网站（内容来源是网站编辑原创或转载）中。在这种理念中，用户评论已成为信息服务中不可或缺的一部分。在这种新的网络格局下，搜索引擎依据用户类型及广告宣传的目的，可以预先确定用户的信息活动并按照优先等级发布已有的信息。在响应用户的个体活动方面，社交网站尤其是脸书（Facebook®）、推特（Twitter®）、邻客音（LinkedIn®）等起着决定性的作用。这些网站通过不断增加传播点扩大用户个体信息活动的影响力。从结构上看，点对多点传播就是一种信息传播技术。

跨媒体技术已经进入以多点传播为代表的传统媒体领域。跨媒体技术利用点对多点传播的互动交流特色，提供更多的动态信息，从而培养受众的忠诚度。通过在大范围内推广个性化的信息交流，点对多点传播改变了人们传播和使用信息的方式。广告发行商有时会利用这种技术，根据用户的个人资料来设计他们的广告语。

借助点对多点传播技术，个人能够公开地或向特定的群体发表自己的观点。就这一方面而言，点对多点传播系统在信息传播领域中开创了先河。

13

电子阅读器

电子阅读器是指配有便携式触屏、主要供人们阅读数字书籍的电子设备。其设计旨在维持读者和文字之间的联系，同时延续读者的传统阅读习惯。

些电子阅读器在特征设计方面尝试去模仿阅读纸质书籍的过程。比如

模拟阅读时的翻页动作：在电子阅读器的多点触屏上，页面右下角微微上翘，读者将手轻轻划过就能翻动页面，同时还能听到阅读器模仿出翻页时空气流动和纸张摩擦的声音。

正如MP3播放器改变了音乐爱好者和其音乐库之间的关系，电子阅读器正在改变读者和图书馆之间的关系。一般来说，电子音乐馆和电子图书馆库存充足，分类清晰，移动性更强，同时电子音乐和书籍理论上便于复制，从而方便与第三方进行传输交流。然而，某些音乐爱好者对于音乐磁带、CD、DVD等这些记录作品实物的情感是数字文件所不能替代的。图书领域与音乐领域类似。在图书领域，纸质图书的销量会稍有下降，而数字图书的合法销售量则会逐渐上升。但值得注意是，顾客对实物作品的兴趣促进了高端实物书籍销量的提高，此类产品拥有编辑附加值，值得收藏。电子格式在当今时代占领绝对主流地位，很可能会激起用户对高端古老实物书籍的兴趣。

电子书的出现会推动公共领域经典书籍的传播。非营利组织在进行图书电子化活动的同时，以发行商为主的一些商业公司也加入了这一行列，不过其最终成品往往采用非通用格式，仅能在某一种阅读器上使用。

当前电子阅读市场主要由零售商控制，电子书价格有时还高于相应的纸质版本。电子书格式之间的兼容性较差，为消费者带来了麻烦。他们往往面临这样的问题，即从某一出版商那里购买的电子书只能通过由该出版商指定的电子阅读器阅读。电子阅读器的优势与特点是：能够在读书时添加注释，以便把自己的读书心得汇集起来。诸如亚马逊的金读（Kindle）这样的阅读器就能记录每篇文章的关注读者人数，按重要程度列出每篇文章中最具代表性的一些片段，然后将这些片段作为书的简介放到亚马逊网上书城中该书的页面上。这种以注释为中心的信息收集法也可以服务于电子书读者，供他们交流书评使用。

14

订阅

订阅合约是一种由内容提供者向订阅者发起,具有固定期限或不限期的合约。这类合约通常是会员制合约,因此其条款不可协商。

该合约涉及消费者、非专业人员（在某些法律体系中，称为"世俗"法人）和专业人员。由于在合约关系中，利益相关方的协商权利并不平等，因此该条约受保护性法规的约束。滥用条款会导致在合约相关各方间产生权利和义务的不平等，因此，国家法律体系会保护消费者权利免受侵害。有些国家通过行政权力，将不当条款编为索引，以便监控。消费者保护协会致力于提高消费者对自己权利的认识和维护的意识，并确保有关部门获知滥用条款事件的发生。电话及互联网订阅合约包括一系列敏感条款，特别是与自动续约相关的条款。

并非所有订阅都需要付费；有些免费订阅即可。供应商提供免费订阅，主要目的在于获取消费者个人信息和推送广告。

订阅机制广泛适用于跨媒体的以下范畴内：用户可根据所需自行选择接收信息，订阅那些他们感兴趣的、可能准备付费的服务。如此，跨媒体用户可选择订阅简易资讯聚合（RSS）模式信息，多载体服务或应用程序。综合订阅系统可打破获取信息的界限，并将信息集中起来，但在收费订阅的情况下，将出现多个利益相关方，收入的分配则变得复杂起来。另外，有些个人订阅允许用户选择载体及订阅的形式。因此，也适用于跨媒体消费。

订阅模式对多源数据存取系统也很适用，订阅模式还可应用于云计算服务的开发。在此模式下，消费者能够享受到优化升级服务、便捷的多载体访问模式以及可观的存储空间。而这些服务是那些仅装有小容量硬盘的外围设备无法提供的。然而，此类型订阅也会带来数据安全的隐患，即用户的个人信息很容易被集中获取。

15

定位

定位是指确定物体或人所在空间位置的行为，其结果可用于在地图或平面图上进行位置确定。人们可将所得的位置数据进行实时处理，还可将其与其他类型的数据结合使用。

定位需要多种技术支持，主要包括全球定位系统（GPS）、全球移动通信系统（GSM）、无线网络技术（Wi-Fi）和射频识别技术（RFID）等。利用卫星，人们已在地外空间建立了覆盖全球的定位系统，可达到中等定位精度。在移动通信领域，移动设备定位视移动信号网络的覆盖情况而定。在定位精度方面，也会因所用网络类型（是无线网络还是手机通信网络）不同而出现差异。但移动通信定位技术，无需特别设置，即可完成如室内定位这样的小范围定位。另一种室内定位常用技术是射频识别，但费用较高，因为要安装特殊终端才能实现。

技术人员利用定位技术开发出许多实用的产品为用户服务，如导航辅助系统，存储管理技术以及产品跟踪技术等。定位技术所获得的数据用途广泛。但是，即便此类产品的质量和来源可以保证，如果数据涉及用户隐私，那也可能会带来一些问题。

目前尚无法律规定将定位数据划归到个人信息范围内。无论个人所在位置是商业场所、个人私密空间、旅途线路中抑或是公共场合，对这些定位数据的存储、处理和使用都有可能侵犯用户个人的基本权利。

在商业领域，商家利用定位数据来确定地域性目标消费者，并根据不同客户情况确定广告和营销策略的实施。在手机等个人电子设备上，定位技术还可以与设备用户的个人数据结合使用。商家可依据此类技术制定出效果奇强的推送式营销策略。

跨媒体产品可以利用一些设备载体提供的动态定位信息来创造出相关信息的全新交互式应用。

16

多点传播

多点传播、点对点传播和点对多点传播是服务于信息传播和远程通信的三大信息传播系统。多点传播，又称多点对多点传播、大众传播，是上述三大系统之一。

传统意义上的多点传播是指报刊、广播、电视等信息传播媒体。其信息传播呈从上到下的单向垂直模式，具有明确的目的性。

多点传播体系是用以达成社会共识的工具。该体系中的受众在接收信息时大多比较被动。在信息传播过程中，信息发送者可以修改接收者的参与方式，在一定程度上提高受众的主动性。读者来信、公众投票（比如，电视演播室观众的现场投票或场外观众的短信投票）或电台直播时的听众来电等都是受众积极参与信息传播的表现形式。但是，受众的这种参与机会由信息发送者单方面决定。因此，这种行为更像是信息发送者选择性地将部分受众整合到动态的编辑活动中，并未真正实现信息发送者与接收者间的交流互动。

要确定哪些是接收者非常困难。大众不等于受众。必须对销售状况和当前受众进行统计分析，或通过与此相关的调研报告才能确定受众。广告代理商热衷于确定受众类型，并据以设计出针对不同受众的广告。在多点传播体系中，信息受众范围极广，传播内容高度统一，因此不易根据受众的个人情况调整广告。不过，通过社会职业定位来锁定目标受众还是相当有效的。

以往，多点传播的信息内容及服务对象都非常宽泛。如今，开始提供专业化的内容，根据受众的地理位置、意识形态、行业和专业提供针对性的内容。这种专业化信息始于报刊业，后来延伸至广播与电视传媒。

近年来，多点传播逐渐由传统模式向点对多点传播发展，这是信息传播的最新动态。用户可通过智能电视选择个性化信息内容，成为主动的接受者。但是，用户的身份会被（供应商）识别、其个人数据会被搜集、处理分析和利用。报刊业同样在效仿互联网的多点发布模式。在该模式下，读者可以验证自己的身份，订阅新闻通讯或简易资讯聚合（RSS）信息、做出回应或评论文章等。

17

多功能性

多功能性指从单个设备上获取不同类型的多媒体内容的技术。过去,媒体设备的功能单一。现在,单个媒体产品通常具有多种功能。

最新一代的手机，除了基本的点对点语音通话功能之外，还可以实现其他多种功能，如听音乐、发短信、上网、玩游戏，甚至还能进行地理位置定位。除了办公自动化、点对点通信、阅读等主要功能外，很多媒体产品（笔记本电脑、手机、平板电脑等）还提供许多相似的功能，即同一用户所拥有的不同媒体在功能上会存在交叉的情况，这就要求媒体具有兼容性，以便能够同步数据资料，保障用户连续使用。

通过数据数字化技术，图片、声音、视频和任何其他内容都能以同样的方式进行传输。数据数字化技术使得多功能技术开发成为可能。

多功能化是数字化普及的一种体现，它催生了经济效益，并重构了媒体设备制造商的竞争格局。比如，不断改进的集成了高画质捕捉设备的手机已经威胁到了大规模生产的数码相机市场。

通过减少内容对源媒体的依赖性，发布该类内容所需的种种初始条件也发生了改变。

使用不同媒体的相同功能时，通过跨媒体技术保障连续性。然而，媒体的性能和特色优势不同，类似的功能也可以有不同的使用方法。例如，手机和电视机都有读取数码视听文件的功能，但是在户外，用户更倾向于用手机看低画质的短片，而在家里则只在电视上观看高画质的影片。

18

多媒体

多媒体是指可通过单一界面访问的、集成在某一文件上的多种媒体的复合形式。只读光盘（CD-ROM）就是一种典型的多媒体应用形式。

多媒体技术广泛应用于20世纪80年代，是信息技术、视听与文本的结合。这种技术创新在最早的多媒体项目中就已经体现出来。出现只读光盘以后，多媒体技术有了更大的创新，主要是在动画制作方面。

只读光盘不只作为书籍的副产品而存在，它还开发了信息交互和信息语境化的功能，为用户提供全新而逼真的学习和实验情境。从百科知识到教育类、文化类或学习型等内容，只读光盘为记录知识开启了全新的大门。当时的这些多媒体文件库仅支持离线使用。后来，作为对已有离线信息的补充，只读光盘逐步支持一些在线信息访问的功能。

受到只读光盘编制逻辑的启发，第一代网站和多媒体平台开始提供集合了文本、声音、图片和视频的多媒体文件。后来的几代网站，遵循由搜索引擎索引系统设定的组织规则，特别青睐信息自主发布、网络平台、门户网站以及信息共享等模式。这几代采用Web 2.0技术的多媒体网站允许用户自由表达和交换数据。同时，作为Web 2.0多媒体应用的跨媒体技术已经出现，其编制逻辑由传统播放器或纯互联网播放器驱动。跨媒体技术能够调整编辑型内容，使其与新兴媒体和Web 2.0的新应用相适应。

通过多媒体组合技术，不同媒体可展示在某单一设备的某单一应用界面上。跨媒体应用则是在不同媒体设备的不同界面上呈现相同内容。多媒体与跨媒体的共性在于它们实现了广泛的媒体交互和信息共享。

多媒体的演化发展经历了四个典型时期，每个时期都以一项技术和一项主要功能为标志。这一进程以只读光盘和专业化离线多媒体应用为开端，这种应用形式具有很强的可编辑性的附加值。第二个时期以大众互联网的出现为标志，从网上连锁商店发展到企业门户网站再到高速宽带支持下的协作网络平台。第三个时期是跨媒体时期。这一时期出现了移动性、地理定位技术以及各界面间语义建构的融合，从而构建了以用户为中心的、各媒体间互补的多媒体生态系统。即将到来的第四个时期涉及围绕家庭或工作环境构建的、可直接互动的通信对象。在这一时期，用户自主设计通信产品间的互联，这些产品是可远程管理的多媒体生态系统的组成部分。

19

多渠道营销

多渠道营销是指通过平行或分段的不同渠道来分销产品或服务并传播信息的方法。

在互联网出现之前，多渠道营销策略便已广为使用，不过主要应用于产品零售和服务分销，以及大众传媒中的信息传播。

作为一种新的分销渠道，互联网销售很可能给境外销售带来剧变，其能力将远超电话营销中心。然而，这一情况使得分销网络中的供应商和分销商之间的关系变得更加复杂。比如，在这样一种混合宣传的生态系统中，分销商越来越难遵守区域限制条款，因此十分有必要在全球范围内对被动营销这个概念进行统一界定。现在的互联网市场正在被两类不同的分销商一分为二，即面向个人的电子商务平台和由大型零售商控制的销售平台。

第一类主要由占垄断地位的电子商家组成，围绕这些商家构成的网络则通常包含众多小型生产商和分销商，而这两者的规模都不足以建立有影响力的平台。第二类由传统分销商构成，一般设有实体店，同时拥有自己的网络销售平台。

在这两大类平台之外，一些生产商直接在互联网上进行销售，他们跳过了中间人，比如软件出版商、音乐团队和订阅代理商等尤其如此。智能手机的兴起，催生了一种全新的产品和服务分销渠道。它非常适合随身销售模式，支持简单支付条款（如小额电子支付），所有这些多渠道营销分销方式可相互独立，但也可进行跨媒体整合。不同渠道有不同的优点，有的利于促销、询价，有的利于刺激消费、简化支付形式。销售商可根据它们的优势，协调各渠道，从中获益。

互联网给多渠道营销机制带来的影响不亚于信息传播对广告的影响。众多传媒集团以控股公司的形式，利用多渠道营销手段传播自己的信息。多渠道营销机制的影响可谓与日俱增，其运行机制可概括为通过不同渠道传播同一条信息。现在，大众渴求交互性强、移动性好以及深化信息能力高的信息服务模式，大众传媒的传播方式已不能满足这样的要求。同样，多渠道营销活动必须加强内部协调，并且要把不同传播渠道联系起来，以维持对信息的掌控。另外，还要能够利用从部分渠道获得的消费者数据来改善其他渠道的作用。

多文本性

　　多文本性是指以超文本读取功能为基础、能够呈现多个文本的布局,这些文本或链接于同一层面,或相互叠加。多文本性媒体可对多样且相互衔接的文本进行扫描和检索,并允许协作编辑和发表评论。

与传统文本衔接形式不同，多文本技术摆脱了语篇的线性化形式约束，将文本内容分为几个层次或片段。多文本结构将各异质元素以方便用户访问的方式连接起来。这样，用户可以在同一页面上看到来自不同地方的、不同风格的、不同模板的文档。多文本结构包含系统而详尽的信息元素索引，能够高效运行。此外，多视窗的同时运行形成了文本结构的最佳视觉效果。

多文本结构改变了阅读、资料获取和意义构建的方式。读者可以在相对无限的文本语料库里自由浏览，并可在某种程度上独立地形成自己的观点。

多文本性特征原本仅限于文学研究，但如今，它已经随着各种网络搜索引擎特有的信息检索技术而普及开来。在封闭的语料库中，我们可以用动态摘要的方式来检索那些互补性很强的内容，如关于某研究的讨论、评价或结构图等，然后将其显示在屏幕上。

通过引入语境、文际关系、超文本和强化的文本性，用户的阅读方法得以丰富。非文字性内容可以为多文本结构提供另外一个维度，起到丰富语义和增强可读性的作用。

这些结构否定了文本的有限性。它们不只提醒读者关注文本的本质，还会允许读者，在解读工具的帮助下，进行批判性思考。

跨媒体技术利用这个过程来构建基于传播媒体的文本。跨媒体技术和多文本性也接受其他阅读方式。这些媒体应用的界面模板和具体传播风格决定了信息的传播方法。这些信息传播方法有助于我们理解多个界面的多文本性特征。

21

二维码

二维码是存储有数字信息的平面图片,其中的信息可解码读取。读取设备多为带摄像头的手机,再配以读取软件,就可将内含的信息解码读出。

二维码有不同类型，有些免费使用，如快速响应二维码（QR 码）和矩阵码（Datamatrix）。其他的则需授权使用，如闪码（Flashcode）。

这些二维码是一些计算机接口，通过它们，用户可以便捷准确地获取特定数据或指令，比如跳转至某个网站、阅读文本或名片信息、查看简历或请帖内容等。二维码这种覆载界面旨在减少用户键盘输入，为微型化和移动信息的获取与处理提供新的响应方式和条件。二维码缩短了用户的搜索时间，加强了物理世界和虚拟空间的联系。将二维码应用于真实的环境和物体中，将大大扩展信息的应用。

二维码易于复制和传播，可用于公告板、书籍、杂志、T 恤衫等媒介。目前，读取类似二维码的信息，只需满足最低要求，无需复杂操作。即只要在二维码周围印上白色边框，并确保其所在底面足够平整。如果某网站允许通过二维码扫描的方式进行访问，网站界面和结构就要根据智能手机的显示和操作特点进行相应调整，从而给用户高质量的操作体验。

在由现场促销及网络促销同时运用的多渠道跨媒体营销战略中，二维码能成为现实世界和虚拟环境之间的桥梁。此技术的应用带来了不同传媒之间的共鸣效应，在目标用户与所宣传的品牌、产品和服务之间建立动态的联系。

在品牌宣传活动中，二维码在效果分析方面也有用武之地。二维码和数据分析工具配合使用，可得到二维码被扫描的次数和扫描时间日期等详细信息，为分析提供数据。

二维码具有可追踪性，可用于查找产品的原产地资料，终端用户也可追踪相关产品的生产链信息，这一点在公平的产品贸易中十分有用。

在文化遗产领域，二维码也有贡献。为文物配置存储有相应信息的二维码，人们就能随时得到有关该文物的信息。

22

发明和创新

发明和创新并非同义词,但两者可以综合定义为通过创造性的活动获得的原创性的和新的成果。通过发明和创新可以产生能销售的最终产品或是用于创作产品的方法、技艺或技术。

如今，工业产品的试制与生产过程离不开发明与创新的理念。"发明"这个概念在历史上与工业革命有关，专利法中对其有更为全面的界定；"创新"通常是指最近的改进，与之相关的法律框架还在建构中。

因此，在法律术语中，"发明"是一种可申请专利的标准。它针对的是通过技术手段发现的、解决技术难题的技术方案。这个概念可以缩减到微观经济学的层面。"创新"一词则通常指具有宏观经济效果的融资政策或策略。

创新的动机和直接结果是它所能获得的报偿，这同时也是很重要的政治、经济、法律和技术问题。鼓励创新的政策通常会既照顾到发明者的利益，又要让第三方能够使用和改进这些创新成果。人们通常认为，这两者之间的平衡能够最大限度地激励创新者，同时也能为继续创新提供最优越的条件。专利制度会界定获取知识产权的条件，并确立知识产权涵盖的范围，在一定程度上强化了这种平衡关系。法律制度对每项创新或创新领域的具体细节涉及程度有限，所以法律条文通常难以适切地回应具体的创新活动。就数字化产业集聚而言，有关集中创新的政策的制订能够最大限度地利用参与者互补的专业知识。在产业创新重组和工业化进程中，遍布世界各地的、相互竞争的产业研发中心发挥了核心作用。

跨媒体应用产品也可以是创新设计，因为它们是采用全新的方法来生产可编辑性产品。这种创新更多的是关于如何组织内容，而非内容本身。内容组织形式领域的技术方法的创新似乎并不受传统知识产权的直接保护。这些方法创新涉及技术诀窍。随着有可能出现的新技术及其在世界范围内的更多应用，这些技术诀窍变得更好、更加复杂。

23

蜂鸣效应

蜂鸣效应是信息以指数性速度传播时产生的意料之外或者预期之中的结果。蜂鸣效应是一种信息传播现象,其产生机制与谣言类似。两者的不同之处在于,蜂鸣效应能够借助互联网和社交网站的影响得到强化。

当某信息在短期内引起广泛反响时，就会催生蜂鸣效应。这种蜂鸣信息形态多样，包括图像、视频、文本、音乐等形式。

在互联网上，信息在用户之间传递，有时会意外并反常地充斥所有发布渠道。蜂鸣效应是互联网用户一系列情绪化反应的结果，即用户会受其影响利用自己的网络关系转发一些信息，使这些信息不断地传递下去。蜂鸣效应通常集中在日常新闻方面，却往往能产生极强的群体凝聚力。引发蜂鸣效应的信息内容五花八门，繁简不一，涉及不同的社会职业范畴。从搞笑视频到社会政治宣传等，小则影响当地，大则轰动全球。我们可以将蜂鸣效应视为一种促进民主建设的极端方式，但有时它只是利用信息的扩散威力进行营销的结果。

蜂鸣效应的产生不一定需要资金投入，它在很大程度上有赖于那些蜂鸣效应制造者的创意能力（如事件报道网站、视频预告等）和其最初的传播模式。大多数情况下，蜂鸣效应由网络传播的行家、博主等那些已经享誉网络的重要网络推手进行传递和推动。随后，这些信息内容就会通过"链接"、"分享"、"推消息"、"转推"、"喜欢"等方式，被其他互联网用户接收并分享。

博客和微博等即时性社交网络平台经常在蜂鸣效应中发挥作用。

根据跨媒体传播规则，蜂鸣效应可以通过各种媒体之间的呼应机制得到增强。测量蜂鸣效应通常要借助站点自带的计次工具或其他统计分析工具。网络搜索引擎亦可增强和巩固蜂鸣效应，使这一现象更加凸显。大众媒体经常传播来自网络的蜂鸣信息，它们也是左右信息整体影响力的重要因素。

24

高速和超高速互联网

高速和超高速互联网又称"宽带和高速宽带"。其标准是上下行网速可供用户流畅上网。这里进入"高速"的门槛并非定值,是可根据时间和地点不断变化的相对数值。

实现高速上网需要配套基础设施的建设，这通常是由国家和地区政府、电信公司和互联网服务提供商来承担。这些设施的建设需要上述部门在基础设施建设和改造方面的大量投入，还需要网络运营商在网络区域范围内铺设电缆并最终将线路接入用户家中。

在个人电脑上进行海量数据的上传和下载已成现实，之后高速互联网有了更多的新用途。比如：用户可利用文件传输协议（FTP）或主机服务器便捷地下载大量音乐、电影和应用程序；可以享用流媒体技术，即无需事先下载文件就可在线连续观看或收听多媒体文件。高速互联网还对在线游戏的使用方式产生影响：传统的局域网游戏方式和游戏中心模式将逐渐被淘汰。这两种方式的优点在于网速快、保证游戏顺畅、相互交流便捷；而缺点是一些方面的成本很高，如对游戏时间和在游戏中心可能参与的游戏人数有限制，游戏者还可能需要到特定场所去参与游戏。

利用无线网络（Wi-Fi）和不断提速的移动通信标准如3G＋、3G＋＋、3.9G和4G等，移动媒体也逐渐在顺应高速这一趋势。高速网络在移动媒体、尤其在电话中的应用，已经改变了过去语音通话在移动通信业务中占主导地位的情况。网上出现了免费的、仅使用网络流量的语音通话和短信业务，而且也能够在手机上直接使用，这是高速技术对传统通话和短信消费模式的挑战。未来高速互联网手机的计费方式将逐渐转向只按发送和收到的数据量收费。

智能产品的功能将越来越多地依赖高速互联网的支持。跨媒体产品也会根据不同设备载体所需的标准网速和用户使用时的网速，为用户推荐与各类功能相适应的组件。在用户连接至速度较快的无线网络时，跨媒体产品会提示用户为手机下载某一应用程序，以便于以后用户切换至低速网络时也能继续顺利使用。

25

个人品牌推销

个人品牌推销是指将一个人的身份当成品牌进行宣传的行为。随着网络信息发布的便捷化和社交网络的广泛使用,越来越多的人开始建立自己的个人品牌。这项工作既可以自己直接动手,也可由信息传播公司、艺人经纪公司等第三方机构代为完成。

在政坛、演艺圈、新闻界等以个人为偶像或是精神象征的领域，个人品牌推销的发展更是如火如荼。比如我们在谷歌中搜索脸书（Facebook®）就会发现，知名政客和艺人在脸书个人主页的链接会和其他商业品牌的网站链接同时出现在搜索结果的首页中。这些名人背后多有一个品牌推销团队在运作，负责回答在各种社交平台上由粉丝和联系人提出的问题，与他们进行交流互动；或通过简易资讯聚合（RSS）平台和推特微博发布名人的活动安排；或更新名人如见面会或大型活动等的日程表，并将这些信息放到名人博客上，等等。

将个人品牌推销做到极致的方式，莫过于某一领域内的名人或企业老总将自己的姓氏用作其商品或服务的品牌。这种个人品牌推销行为主要集中于化妆品、奢侈品、服装和食品等行业。但这种以名为牌的做法有可能产生问题，如消费者对品牌的接受度不如所愿、对品牌忠诚度与预期有所偏差、或原姓名持有人因退出该领域或转投其他领域而带来认知混乱等。

个人品牌推销的目的大多还在于巩固个人的良好声誉。如今网络使用协同化，社交网络地位不断提高，这使人们希望能够提升自己在网络世界的声誉。个人品牌推销的另一种常用形式是个人主题博客，即在某一领域志趣相投的网友圈子中宣传自己。在有些国家，法律规定禁止某些行业的从业人员主动推销，而使用主题博客就可避开这一限制，为自己招揽更多顾客。比如我们在律师或医生的博客中就能见到这种情况。

这种在线个人品牌推销时下在行业社交网络平台中的发展势头最好，比如邻客音（LinkedIn®）。人们可以在这些平台上展示自己的专业技能和经验，以此扩大行业人脉；还可以为其他人推荐工作或作为被推荐者得到企业的青睐，或直接求职应聘，平台的作用不一而足。

随着手机移动社交网络的普及，人们信息发布的频率越来越高，个人品牌推销也愈加受到人们的重视。

26

个人数据

个人数据是指已确定或可确定的自然人相关信息。可以包含复杂的身份信息、时间和地点、往来书信等信息。处理个人数据的方式多种多样,包括自动或手动收集、归档保存、信息控制、传播、转换、查阅、汇总等。个人数据可以用于法律、广告、商业、政治或社会学研究等方面。

在互联网上,个人数据是由用户自己上传的,其身份要么是通过IP地址不自觉地暴露,要么经其自愿在网站登录信息中透露出来。使用IP身份确认可以准确判断用户所在地址,不过由于无线网络(Wi-Fi)让人们可以在一定范围内活动,这一方法在定位结果上不一定精确。由于IP地址直接对应真实身份,理论上说能够识别到个人,但用户可能不使用真实身份或直接使用他人的IP身份进行操作,这就降低了准确性。

确认用户身份有两种渠道。直接渠道能够提供用户的确切信息,包括所处真实地址、电子邮箱地址、电话号码、年龄性别以及用户自愿添加的其他信息。间接渠道是用户在网上或在某一网站上的活动留下信息,而这些信息很可能被网络服务提供商或任何搜寻个人数据的人收集并加以利用。一些国家法律规定,信息收集和处理者必须事先告知用户,并按程序办事,如宣布使用声明、根据数据类型和使用情况进行的授权等。使用过程中还要在数据存储、处理以及使用情况披露等方面遵守相关规定。用户原则上有权决定是否允许他人处理自己的个人数据,还保留对网站收集的数据的修改和删除权力。

通过处理所收集的资料,人们获取的信息具有商业价值,可作为针对性广告的参考数据。这些信息还具有法律用途,可充作公共权威和个人(如版权拥有者)的监测工具,使其在符合相关法律程序的条件下,截获电子通讯信息,跟踪网络用户等。

在跨媒体产品生产过程中,个人数据能在不同媒体之间进行传播。由于此类产品需要进行信息汇总来保证数据的延续性,IP地址收集法似已无法满足这一需求。当前多种媒体的互联(如电脑与MP3播放器)已成现实,其中的部分用户信息能够在媒体间同步更新。由于媒体的使用和用户信息的多样化,跨媒体产品中信息搜集的范围非常广泛。跨媒体应用主要收集用户位置和时间信息,并通过从地理位置、视频监控、射频识别设备和数据空间的生物感应识别系统中得到的信息,持续算出空间坐标数据。位置和时间数据属于个人基本信息,此类信息处理的监控必须加强。

27

个性化广告

个性化广告是指针对目标客户的特点量身定制的广告方式。传播、展示广告都需要一定成本。个性化广告基于用户个人信息,可以避免不必要的开支,使广告传播更加高效。

与传统针对性广告不同的是，个性化广告利用了用户个人信息，生成的广告内容因人而异。个性化广告早期借助电子邮件传播，其传播模式随着互联网的发展快速提升。个性化广告的网络传播方式根据用户可见度由高到低分别是电子邮件、网幅广告（包括弹窗式广告和嵌入式的视频短片等）和搜索引擎（包括赞助商广告、搜索结果推荐以及直接或间接受到点击付费广告影响的搜索结果）。

个性化广告除了能直接传播至最相关的目标用户，还能再次利用传播广告时使用的个人信息，根据用户资料和其搜索历史对广告内容做出调整，使之能够更好地满足消费者的需求。

个性化广告还能够依靠定位技术适配不同的空间条件，将用户的期望和潜在需要与用户当前所处环境内可用的产品或服务联系起来，为用户的移动生活提供便利。此类广告可以利用推送系统传播，还可根据用户位置调整所需服务的搜索结果。因此，当用户在搜索引擎中查找"餐馆"时，就会首先得到附近最近的餐馆的信息列表，而列表中商家的顺序则会根据广告客户事先在此关键词上投入的单次点击价格而定，出价较高者则排名更靠前。用户很难区分搜索引擎显示的是客观真实、自然获取的结果，还是受广告影响排名后生成的查询结果。在这两种结果还不能完全融合的情况下，搜索引擎利用特别制作的图形界面，让用户难以辨认其搜索结果是否受广告影响。

传统的电视广告受制于与之相伴的节目类型和广告播出时间。互联网电视时代的到来使得个性化广告有了全面展示的舞台。

广告发布者可以利用跨媒体技术，根据不同媒体类型，以多样的方式发布广告，这使广告有相互呼应的展示效果。个性化广告在商用个人信息的收集、处理和汇总系统方面透明度不高。个人信息的收集和应用往往是在用户并不知情的情况下进行的。但信息的收集应该得到用户的同意，用户也必须站出来表明自己的意愿，或采取必要的技术和法律措施以避免自己的个人信息被非法利用。此外，对于将客户信息进行分级标价的做法，一些互联网监管组织已经予以关注。

28

广告代理商

广告代理商是以向广告客户（或其代理人）销售广告位为主要业务的商业机构。广告代理商可租用其所属的媒体集团的广告位（以内部机构的方式），亦可在广告位持有人与广告客户之间开展中介业务。

广告位租用合同把广告代理商与广告客户（或其代理人）联系在一起，其内容涉及广告在广播、电视等媒体中的播出时段和时长，以及广告的呈现形式，如广告牌、印刷媒介、互联网上的网幅广告等。有些广告位资源会同其他媒体资源混合，如在线观看电视节目或收听广播节目前会播放一段广告。这种情况还会在某些城市电子显示屏得到体现。

一些集团公司集多个身份于一体，包括广告内容编辑、广告位持有者、广告代理商和传播代理商等。在互联网上，广告代理业务通常由搜索引擎公司、社交网络运营商及博客平台的编辑者提供。这些平台擅长以内容引导、网站链接和个人信息的公开使用等方式经营广告。

搜索引擎公司主要提供两类可直接租赁的广告位：一类是赞助式网幅广告位，由搜索结果首页上的网站提供；另一类是潜在广告位，即由子网站提供的、标记为广告区域的网页部分。后者是有待开发为广告位的网络空间，不能直接租用，但可以使信息服务更具吸引力。与潜在广告位有关的信息往往被看作是"自然的"搜索结果。为了提高点击率，广告代理商常以能够吸引受众的形式呈现广告内容。广告设计会参照用户的个人信息和用户在互联网上的搜索记录和浏览历史来相应地调整内容。由谷歌（Google®）推出的广告代理业务在广告市场内占有主导地位。谷歌通过广告代理平台（AdSense®）与广告位持有人建立联系，并取得其待租广告位的相关信息，还通过谷歌分析软件（Analytics®）及相关跟踪软件追踪用户的访问信息，通过谷歌广告服务产品（AdWords®）与广告客户合作，探究客户的广告发行意愿及理想的广告类型。

与谷歌的做法相反，脸书（Facebook®）的网络广告代理平台（Facebook Ad®）建议广告客户（或其代理人）依据极细的社会职业划分标准来锁定目标受众。因此，在脸书上，广告客户自己锁定目标市场与受众群体。

传统的广告代理业务基于大众传媒。其业务重心是根据不同的媒体环境设计和发行广告，而网络广告代理业务则擅长个性化的广告设计。二者的盈利模式也不同。传统广告代理商根据每条广告的播放次数或时间收费，而网络广告代理商主要通过用户访问点击量来计费。

如今，人们可以通过手机高速上网。这为网络广告代理商提供了新的机遇。网络广告代理商需要准确定位用户群体，力争在最能诱发消费者购买欲望的时间和地点，通过合适的通信渠道向最佳广告对象传播相关的广告。

29

广告客户

广告客户是通过一家或多家媒体发布非编辑型信息的实体。广告客户发布的信息必须基本符合编辑设定的标准或版式要求。有些广告是免费的,有些是要推销其品牌、产品或服务的,后者就是商业广告,而商业广告是需要一笔很大的投资。

广告客户可以是个人。个人发布的广告大多采用分类广告或促销信息的形式，用以提升个人活动的影响力。多见于报纸和当地店铺海报中的非商业性分类广告已成为一些互联网平台上重要的广告形式。广告客户也可以是企业或团体，其广告信息旨在引起公众的兴趣，具有推广或促销目的。企业或团体通常向传播实体支付广告费用，或通过协商与其成为商务伙伴。

有多种信息传播方式可供广告客户选择。就互联网而言，分类广告客户可以联系网页编辑，也可以在广告网站上直接刊登广告。商业广告客户通常需要借助各媒体的广告部门或请专门的广告公司通过竞标购买广告位。它们可以委托广告代理商或媒体代理商购买合适的广告位并确定广告策略，从而在不同媒体上有效地传播其广告信息。

根据广告与商业活动的内在联系，互联网为广告客户提供了多种自我推广的选择，包括创建网站、开通博客和在社交网站创建主页。为了提高网站访问量，改善网站的运行状况，广告客户会实施一种联盟计划。通过这种联盟计划，其他网站会有偿地向广告客户提供能链接至该广告客户网站的网幅广告，从而增加该客户网站的访问流量。联盟计划通常通过联盟平台实现，联盟平台可测量和确认由加盟网站生成的流量。

谷歌（Google®）和脸书（Facebook®）等广告网络机构为客户提供发布互联网广告的途径，从而减少了客户和广告位销售商之间的中间环节。

传播媒体和载体设备种类繁多，这意味着广告必须适应不同的传播形式。广告客户一般会选择能够通过各种媒体有效发布信息的传播机构策划跨媒体广告活动。跨媒体广告活动可单次应用多种媒体的不同广告形式传播广告信息。将这些媒体的不同呈现形式（如：图表、音频、音视频、短期、长期、超链接等）联合起来可以增强广告信息的整体影响力。

互操作性

互操作性是一种兼容性和可替代性的理想技术标准,它通过在构建系统时采用技术标准化或者强制推行某一标准来实现。

些组织如万维网联盟（W3C）、互联网工程任务组（IETF）、结构化信息标准促进组织（OASIS）和国际电信联盟（ITU）等通过推出共同的数据格式确立了开放性标准，这些格式的具体规格是公开的和可免版权费使用的。这样的做法促进了互操作性的实现。确立开放性标准的目的在于鼓励使用相同数据格式的软件之间展开竞争，从而使用户免于受到某一类软件的束缚。

从消费者的角度来看，互操作性给他们选择产品提供了更大的自由度，可让他们更好地使用所购买的产品，而且界面切换也更容易，从而极大地便利了跨媒体技术的使用。一方面，互操作性有利于创新，因为系统架构是透明的。另一方面，因为无需支付专利费，互操作性带来的可观利润也促进了创新。从市场的角度来看，互操作性限制了垄断，有利于新参与者的出现，减少市场准入的壁垒，并且有利于增强市场竞争活力。对于软件产品的竞争来说，操作系统和软件的互操作性是必要的。只有在相关协议或源代码规范被公开的情况下，操作系统和软件的互操作性才会成为可能。

跨媒体操作系统市场才刚刚开始萌芽，互操作性以及生态系统的创建等问题极为重要。该市场的焦点集中在围绕专利操作系统而构建的生态系统之间的竞争上。正因如此，苹果公司继续在提供自己的操作系统时搭载它自己的媒体（完整解决方案），而微软（Microsoft®）和谷歌（Google®）的目标则是把一种多媒体标准直接提供给其合作生产商。目前，市场上还没有表现较好的、开放的跨媒体操作系统。

跨媒体的互操作性也可以从文档格式的角度来进行评估。要想让所有消费者都可以使用具有创作所有权的作品（如音乐、电影、书籍等），还得依赖作品所在媒体的互操作性或作品所使用的压缩技术。以唱片形式购买或从付费下载平台上获得的音乐可以受到数字版权管理（DRM）技术的保护。受保护的音乐可能无法直接读取，甚至不能转换成某些读取器或某类设备能够识别的格式。数字版权管理和格式兼容限制的种种规定限制了作品的复制，事实上影响了互操作性的实现。

31

互联网服务提供商

互联网服务提供商是指为个人或专业用户提供互联网接入服务的公司。

互联网服务提供商多为电信集团的子公司。就联网技术而言,有非对称数字用户环路(ADSL)、同轴电缆和光纤等。这些技术和设备曾主要由电信运营商用以传播和接收数字信息,如今也用以发布其他类型的数据,因而电信公司占据互联网接入服务市场的垄断地位也不足为奇。

基础网络设施建设所需的安装和维护费用都非常高,由政府和网络运营商来承担,因此,这些设施的使用权通常掌握在国有企业手中。也有一些国家,在核心设施建设方面引入竞争机制,让运营商投标建设。一般来说,历史较长的国有公司是掌控此类竞争的主导力量。一些国家的国有电信公司还提议,让使用当地电信网络的私营电信商,在网络入户前最后一公里,可以部分或全部使用各自的线路和设备。这样运营商就可以通过自己的设备提供联网服务。

如果国有电信公司能够完全放开私营企业的设备使用权,私营电信商就可以推广三重套餐服务,即将互联网数据服务、固定电话和数字电视业务整合起来,还可能再融入移动电话业务。此类业务常配套提供云计算服务、网络存储空间、电子邮件服务。在移动电话和USB设备上已使用高速宽带的情况下,网络接入服务提供商的市场结构也将随之改变。由于移动网络需要很高的信号覆盖率,运营商的市场很可能因覆盖地域范围有限而受限。移动互联网的出现,再次让人们意识到漫游服务切换协议的重要性,也就是不同地区间有合作关系的运营商要能够在用户移动至其他服务区时,自动切换用户的漫游服务至当前所在服务区标准的协议。

接入服务提供商一般会让用户签订协议成为入网会员,而用户则不能参与拟订此类条款。国家法律机构则会颁布消费者保护条例或标准,以保护用户的权利免受不公正条款侵害。

数字经济的利益相关者能够通过特殊渠道获取客户的个人信息,且无论客户的IP地址是静态的还是动态的,都能对其加以监控。互联网服务提供商不仅为网络监管机构提供有用的信息,还会获取到对商业公司有用的用户资料。

集体智慧

　　集体智慧是指众多个体为实现同一目标协力共创知识的过程。在互联网世界中，根据参与集体智慧的用户的数量和类型，集体智慧的规模有大有小。

得益于信息收集工具，每一个体都能够贡献数据。不断积累这些数据后可生成更多类型的数据。之后，再利用集体智慧对其进行处理和转换，将这些数据转化为信息，并最终升华为知识。这一逻辑的要点是积累经过转化的数据，以达到预期目的。

集体智慧有一条原则，即知识产生的过程要依靠特定标准的支持和保障。通过集体智慧取得的成果，需要有管理者加以控制，以保证上述原则在实施过程中的一致性与延续性。

通常来说，个人观点并不是很符合集体智慧系统对信息的要求。不过在两种情况下，不同的个人观点还是可以共存于集体智慧中的，即集体智慧作为共建项目的一部分时，或项目任务的分配制度并不像泰勒主义管理方式那样要求精细分工时。支持个人观点可以激发新创意，活跃人们的思维。

即使在采用简化应用方式的情况下，集体智慧仍然可以利用计算机技术将个人遗留或贡献的微量线索进行信息绘制。在动物世界中，动物所采用的某种形式的组织智慧也可叫作集体智慧。集合每个个体的独特贡献后所创造出的信息有利于群体和种族的生存和扩张。在面对新型信息传播技术时，人们尝试将贡献系统社会化，以此创造新的知识生产方式。由此，人们创造出一定程度上独立的各种通信与交互智能，即人工智能。通信对象通过人工智能化应用，让人们与机器之间建立上行关系；机器就可以收集并返回数据，并对集中的信息加以利用。比如，家庭自动化技术能够更好地对与居家生活相关的通信对象进行程式化和远程式管理。

随着个体交流互动行为的加强，信息传播和广播媒体不断扩大其应用范围，丰富其形式，增加其媒体数量，这些都将推动集体智慧的应用和实现。

33

集体作品

集体作品是指由个人或法人为代表的实体创作的、并以其名义发布和出版的作品。对集体作品版权而言,不存在将版权拆分授予每位创作成员的可能。

当有多人参与作品创作时，引入集体作品这一概念可方便处理版权问题。由一人持有所有作品的版权能够整体促进和协调集体作品的创作。一部作品是否属于集体作品，首先要看在创作过程中是否有指定的个人或法人发起并协调整部作品的创作；其次要看创作过程是否融合了所有作品。在集体作品中，无法清楚地界定每个创作者的版权，也就是说，没有任何一个创作者能从全局把握自己的个人创作对整部作品的贡献。

跨媒体作品的作者是公司时，公司法人可以采用集体作品这一策略，就每个个体参与者而言，他们对创作整部作品的贡献都不是主要的。百科全书和词典编写者早已采用了这种创作方法。

许多法律体系都对集体作品与合著作品作了区别。在合著作品中，不同创作者的作品相互独立，但每位作者对作品都有整体的把控。集体作品和衍生作品（合集作品）也有区别，因为后者涉及已有的作品，其版权由原作者持有。在这一点上，集体作品这一概念经常体现在跨媒体作品中。在跨媒体作品中，每个单媒体作品自身都有一套独立的体系，与作品的整体规划互不影响。

因此可以说，集体作品的形成过程就是将版权从原作创作者转移给集体作品发起人的过程。

从经济的角度来看，集体作品这一概念有助于简化创作者和发起人间的合同关系。集体作品的版权所有人可按照集体创作者的贡献大小，一次性结清报酬。这样，作品的所有者就把创作者和该作品的出版销售分离开来。

集体作品这个问题也可以理解为掩盖所有该集体作品的创作参与者的身份，并将原作发起人认定为该集体作品的唯一作者。

跨媒体传播中的主要难点在于如何应用集体作品、合著作品和衍生作品，因为这些作品类别并非为跨媒体传播而设定。

若无异议，作品将以原作作者的名义发布。跨媒体集体作品中也会提到原作所有人的姓名。为避免在整体上增加原作的负担，当前项目集体参与者的姓名必须放在原作所有人的名字之后，比如放在作品最后的致谢页里。

34

兼容性

兼容性是指几个系统之间流畅通信并稳定运行的技术可能性,它的实现可以借助也可以不借助媒介。

兼容性与互操作性不同，它注重实用效果，并非事先预设或完全绝对的。在计算机技术领域，兼容性通常是指对软硬件配合方面或相关市场需求的反应。因此，兼容性策略通常和兼容性协议或单边标准这些概念一起出现。

但兼容性的实现并非仅限于技术领域，不同系统之间也涉及兼容性，而这对于生态系统的运行和顺畅地交换数据十分必要。

在跨媒体应用中，兼容性问题也非常关键。跨媒体系统中包含不同角色，可分为不同类型，而每个类型又有多种角色。跨媒体应用的角色类型主要有设备制造商、互联网服务提供商、移动运营商、操作系统开发者、软件应用开发者、网络浏览器开发者、搜索引擎、社交网络平台、电子邮件服务提供商、内容提供商、内容分销商以及内容发行商。

不同角色类型之间相互依存，它们必须保持一致才能达到相互兼容。同一类角色之间可通过直接竞争来抢夺该领域的龙头位置。一些角色的业务横跨多个类别，例如谷歌的业务就涉及搜索引擎、社交网络、网络浏览器、内容提供、移动终端操作系统开发等；微软的业务范围包括通用操作系统开发、网络浏览器、应用软件开发等；苹果公司的业务包括计算机架构、操作系统、应用软件以及内容服务等方面。不同公司会根据自己的商业战略制定产品的兼容性策略。在这一点上，苹果公司的行为在行业内可谓独树一帜，它以"不求兼容"的商业模式将计算机架构和操作系统封闭绑定，发展自己的生态系统，并不与他人为伍。

兼容性协议决定了市场结构，在行业标准上也因力求兼容而产生新的变化。产品的兼容性也是影响消费选择的一大因素。为确保使用顺畅，消费者的选购范围往往受限于其先前购买产品所属的软硬件生态系统。市场结构因国家而异，通常涉及的基础性不兼容包括：从电源输出标准的差异到数据压缩格式标准的不同。这些不兼容现象阻碍了世界技术领域大融合的前进脚步。

监控

　　监控是指在某一特定领域内、根据分析问题和制订计划的需要实时更新信息内容的活动。通过监控可以实时了解某一特定领域的内部情况并判断其变动趋势。监控是研发过程中的核心环节,商业情报等领域就会涉及监控行为。

聚类可以简化监控过程。通过聚类，信息生态系统成员之间可实现信息共享，并将监控任务合理分配给众多参与者，如公开上市的公司、中小型企业、新公司、大学、政府机构等。

具体的监控方法取决于监控目的。监控范围一般只限于活动的某个区域。监控的目的虽然各有不同，但其共同的目标是为了优化决策。

对企业来说，它们有意监控的内容一般包含技术情报、商业情报、营销情报、金融情报以及法律情报。

技术情报可提供与研发现状和未来趋势相关的信息，从而有助于优化投资结构、强化专利管理和提高面对竞争对手创新举措时的反应能力。

商业情报可提供与市场结构、新型市场定位以及新竞争对手等相关信息；同时，可以帮助商家认清自身的特色，以及竞争中的优势和劣势。如果情报使用得恰到好处，商家可以抓住合适时机收购、兼并和重组。

营销情报可提供与公司企业形象相关的信息。在此基础上，公司或企业可以重新调整目标。通过商业情报可以了解客户的需求变化以及其他商家的服务信息。

金融情报提供的信息涉及金融市场的发展状况、市场对决策的反应以及公司上市的最佳时机等。

法律情报的范围包括法律体系内的变动、正在审议的法案、正在进行的游说活动以及新的法律法规对企业运作的影响，如新机遇、限制条款、行政义务、赋税，等等。

随着互联网的发展出现了信息膨胀的现象，这使得监控活动很有必要对信息进行排序筛选并准确认证信息来源。

技术发展和跨媒体使用日新月异，市场结构极其不稳定，而制定行为规范相对滞后。这一切都表明，对于跨媒体技术的参与者而言，详细具体的监控行为不可或缺。

36

交叉媒体

从语言学的角度来看，transmedia 和 crossmedia 这两个术语可以互换。这两个术语共有一个意义内涵，即通过跨越不同媒体形式有效呈现信息内容。这已经是公认的编辑设计理念，正在被应用于越来越多的产品生产中。

而且，在某些语言中，这两个术语没有区分。譬如，汉语中这两个术语都可以译作"跨媒体"，"跨"的意思就是"跨越"。同样日语中只有"クロスメディア"这个术语，而"クロス"的意思是"交叉；跨越"。

这两个术语的主要差别在于其应用领域不同。Crossmedia 的使用主体主要是平面媒体、通信和广告行业，而 transmedia 的使用主体一般是视频游戏。在纪录片制作领域中，这两个术语多可互换使用。

有时，人们会将这两个可通用的术语与"仿制产品"或"复制内容"的概念混淆起来，后两者是指在不同媒体上呈现完全一样的信息内容。

Crossmedia 和 transmedia 用来指一些可编辑项目，这些项目从一开始就依托媒体组合，且添加了线性和非线性语篇。Crossmedia 和 transmedia 设计的目标是在不同媒体形式之间建立紧密的联系，以丰富那些传统上由大众传媒传播的线性内容。这两个术语还可指多界面产品，但和多媒体不同，因为多媒体应用是通过单个界面、在一份文档中使用多种不同的媒体形式。

在相同的科技经济变化和应用背景之下，transmedia 和 crossmedia 技术应运而生。基于这两种技术，跨媒体产品中的非线性叙述模式旨在充分利用新技术，在目标设备上再现沉浸式虚拟现实。

37

交互产品

交互产品是一种通过可识别该产品及其所处环境各元素的无线网络与该环境进行信息交互的产品。

交互产品已被应用于家用如智能吸尘器、智能电子宠物等，军用如无人机等、工业和医药产业。交互产品可通过许多网络协议识别环境，并在一定范围内传输和收集数据，从而实现和环境的信息交互。无线网络（Wi-Fi）协议、蓝牙（Bluetooth）协议和紫蜂（ZigBee）协议是三大主要网络协议。

交互产品所采用的信息传播技术依托一个动态系统，该系统具有信息接收、处理、调适和发布四种功能。这种通信技术以及每项交互产品可能用到的通信技术或者是生产商预先严格设置好的，或者是用户可调适式的。交互产品可与其他交互产品及其使用环境彼此交互。通过这些通信系统，虚拟与现实世界之间的通道不断拓宽而且更加有效。网络产品需要自动化管理，再加上用户在其所处环境中要与产品进行自然而直观的交互，因此，交互产品的界面往往不能过于复杂。

网络中的重复性任务往往由交互产品完成，这是对交互产品编程时的一个常规。当环境中收集到的信息满足程序预定的启动条件时，这些交互产品就能自动执行一些具体操作。这些条件可以是语音命令，或者是对网络中是否存在某一传输对象的判定。

用于识别交互产品的环境已普遍存在，这是虚拟世界介入现实世界的体现。而且，微定位技术应用是未来发展的趋势。在一些情况下，如在家庭自动化的环境中，由交互产品接收和处理的数据会非常个性化。当处理对交互产品的操作至关重要的信息时，必须要有明确的法律规定来规范该类信息的收集和使用。

在跨媒体传播活动中，可利用交互产品突显相关事件、展示活动或社会化问答社区。

交互媒体

交互媒体出现在20世纪90年代末,它可以提供联机或脱机服务。交互媒体有两个基本特点:一是使用单一视频内互动功能,二是可在同一界面同时访问多种形式的信息媒介。这两个特点就构成了所谓的"增强型视频",或者说是交互媒体。

交互媒体的开发源于教学资料素材库，其研发过程促进了电子学习工具的开发。21世纪初，人们在制作首批网络电视和视频只读光盘时，几乎是同时就用到了新闻和纪录片素材库。

交互媒体的第一个特点是视频具备了一些先前仅限于文本环境下使用的功能，一个典型的例子是超链接功能。

有一种基本的简单超链接方式叫作内部顺序导航，它指向特定时间节点上的视频片段。后来，这种顺序导航技术有所完善，而且得益于可扩展标记语言（XML）内容索引的技术支持，交互媒体中超链接之间的相关性更加凸显，可以做到根据主题关联或者语义关联来进行内部顺序导航。

用户可以以非线性顺序读取视听内容，和在搜索引擎中输入关键词即可获取相关内容一样。下一步的工作是丰富页面布局、加快数据传输、改进用户访问模式，最终为用户提供过去要以传统线性顺序阅读的内容。这一特色还有助于构建音视频数据库。

交互媒体的第二个特点是能够在同一界面、同一空间内同时协调、整合多种格式的视听内容，如固定图像、文本、视频和实时3D等内容等。

信息内容有多样、互补的表现形式。交互媒体正是借助上述方法和模式使用户能够选择、比较和整合相关内容的表现形式，从而完善和丰富再现现实世界的活动。

近十年来，内容提供商一直在反复考虑如何利用交互媒体的这两个主要特点来完善其所提供语篇的图文架构。最早的交互媒体形式相对简单，尤其是那些服务于网络课程的交互媒体。内容界面分成三个区域，视频被置于中心位置。人物用定格画面拍摄。有关课程内容的字幕显示在一个窗口，与课程相关的参考文献则显示在另一个窗口，这体现了早期交互媒体只注重实用性的特征，应用交互媒体界面纯粹是为了传输内容。

最近几年，出现了一种新型交互媒体，即所谓的"网络纪录片"或"交互纪录片"，其素材直接源于交互媒体。这种交互纪录片的界面特点仍然是经常局限于一些很实用的功能，但这些界面用以记述语篇的真实架构，却有很强的表现力和象征性，有助于将相关内容的表现形式连贯起来。

交互性

　　交互性是指由至少两种智能（通常是人类）参与完成的从信息单向流动模式发展到带有回路的双向流动或多向流动模式的过程。

些设备拥有高度发达的交换和共享形式。在这些设备上进行的活动，触发形成了一些新的组织与结构形式。

两人或多人之间自由交流是体现交互性的一种常见模式。该模式以交互双方对交流方式相互认可为基础，进而在不断发展的数字设备领域里得以延伸。

传统的远程个人通信模式的交互性有一定局限。究其原因，一是在传统通信模式下，传送信息需要一定时间，如：邮政系统；二是传统的信息收发设备具有静态属性，不易移动，如电报机、电话和第一代电脑等。

以前的大众传媒，如报章杂志、广播、电视等，都以权限模式为运行基础，处于一对多的传播系统中。这一传播系统单向流动，不支持回路。回路系统需要有合适的技术加以支持。在此形势下，唯一可行的回路就是读者来信或者电话通信。

互联网通过发展点对点、点对多点、多点对多点等形式，促进了信息交流方式。同时，它还创造了一种在实时和离线状态下都可进行的多重时态的通信模式，如通过电邮、论坛、即时通信软件、聊天室、社交网络、收音机、电视直播、博客和交互式多媒体视频点播（VOD）等设备或方式进行的交流。

这样，互联网使大众信息交互成为可能。一个用户可以在脸书（Facebook®）上发布个人状态，并显示在其他好友的动态页面中，或者随手在推特（Twitter®）上发一条信息，这样所有社交圈内的好友就都能在电脑或手机上第一时间看到该用户所发的信息，并可随时给予评论。

这种大众间的交互性打破了信息传播的原有规则。它允许任一个体站在世界舞台上，通过特定平台发布自己的信息内容，并在整个社交群体中产生影响。人们通过发布自己的趣闻、信息、世界观、艺术贡献等，使自己变成了信息的生产者和传播者。

考虑到要制作高质量信息内容的成本依然高昂，主流媒体、经营者和各大品牌很快认识到了蕴含在用户自创内容中的商机。

交互性模式并非适合技术交换平台，这些平台不能有效召集用户群体并赢取他们的忠诚度。在意识到这些问题前，主流媒体、经营者和品牌商就已经拥有一套信息传播体系。这样的信息传播体系即便不能保证信息质量，至少会获得用户数据，建立用户数据库。

40 脚本撰写

脚本指供单一或多种媒体使用的作品设计方案。脚本撰写指作品设计方案的撰写过程。脚本是以线性顺序推进的书面叙述,有时可以有多条叙述路径。在叙述过程中,不同类型的事件会以详尽、有序的方式组织起来。脚本是产品制作中各个要素之间相联系的工具。

传统上脚本撰写常用于戏剧创作和影视制作,但不仅限于这两个方面。

更广泛地讲,脚本撰写还应用于教育科学领域,如课程设计、教学互动以及教学评估等。

脚本撰写的第一阶段是规划播出内容的结构形式。在设计阶段,一旦明确界定并标注好播出内容的构成要素,就要开始正式撰写脚本了。脚本撰写阶段包括对内容的剪辑、描述,以及对集成片段进行纵横排序。

脚本撰写的第二阶段是对播出内容构成要素的基本特征(或者是符号表达形式)进行编码。换句话说,将描述和解释所写内容的要素转换为其他形式,包括静态影像、动态影像、多文本、图表、实时3D片断和声音等。在这一阶段,媒体混合技术发挥着至关重要的作用,在空间上可以确保内容片断的流畅运行,在时间上能够将内容片断安排得连贯有序。

脚本撰写的第三个阶段涉及对内容要素(或媒体形式)的组织安排。这一阶段关注用户的使用行为和相关互动内容。此时,脚本撰写会参照用户与媒体形式之间的互动情况以及导航操作的先后顺序,致力于建立起用户与其播出内容之间的关系。

通过跨媒体脚本撰写,传统的内容组织方式和编码方法与新型组织编码模式相结合。这些新型模式是基于信息传媒间的互补特征以及这些媒体的最新应用研究。跨媒体脚本撰写的主要特点在于,利用不同媒体之间的结合点与共鸣效应,来实现语义连贯。这种脚本撰写方式充分考虑了不同媒体形式的应用逻辑、时效性和它们的应用步骤。

界面

　　界面通常是指供两个实体或工作平台交换信息的指定空间。它用于人机互动或机器间的交互。沟通界面使得某个实体能够为另一实体所理解。人机互动受互补界面配套（硬件、软件、图形界面等）的制约。

发展人机交互界面有两个方面的目标：将机器功能最优化，并使其更易为人所用。因此，界面构建时会考虑到机器的具体限制，以便用户能够最完整、最顺利地使用它。界面必须根据与其关联的机器类型进行调整，因而其设计会考虑许多不同的因素，如屏幕尺寸、有无键盘、是否触屏、不同的功能等。

传统的界面分为两种，即数据获取界面（通常是实体的）和数据检索界面（通常是虚拟的）。借助数据获取界面可以将计算机与其外围设备连接起来。或者，经过同化，用户可以借助外围设备对计算机发出指令。能与计算机进行交流、最常用的数据获取界面是：鼠标、键盘、触屏、扫描仪、网络摄像头，甚至还有运动检测器。相比之下，数据检索界面则让人类能够读懂机器，比如信号灯、打印机、屏幕和扬声器等。有些界面兼具数据获取和检索的功能，最为常见的是触屏。

在对待不同类别界面的命令时，区分数据获取界面和数据检索界面非常重要。数据获取界面先响应初始命令，以形成精确的计算机命令程序。然后机器才会接收到这些命令程序，比如指令构成的速度及其这种构成的固有特性。然而，数据检索界面必须尽可能全面自然地处理其感觉接收器和认知功能，确保机器发出的信息对于用户而言是清晰的。数据检索界面优先考虑的是视觉，然后是听觉，最后才是触觉（如震动手柄）。这个等级次序说明了图形界面对于人体工程学研究的重要性。在图形界面的处理上，利用人体工程学对在固定或移动界面上眼睛的运动的研究（眼动追踪），和对神经图像（脑电图和磁共振成像）的实验研究，来确定颜色、光线、形状和版式等对注意力和潜在的兴趣倾向的影响。

新的技术可能性带动了使用3D和运动捕捉技术的沉浸界面的发展。有些界面鼓励多用户的彼此协作和同时使用。这种界面已常见于多人游戏控制台中。现在，由于运动捕捉技术和协作型多点触控台的使用，这些技术又再次得到重视。

开源

　　开源指源代码作者（许可人）对用户（被许可人）的授权行为。用户得到许可后即可以免费获取并使用软件的内容和源代码，并可以在遵守开源协议规定的情况下对软件或代码进行修改和传播。目前人们已制定出多种开源协议，利用这些协议，软件开发者和其他知识产权作品的创造者就能授予被许可人更广的使用范围以及更多的应用形式。

很多机构都打算为开放源设置标准，如开放源代码促进会（OSI）。开放源促进会成立后，在开放源传播方式和代码获取制度方面先后制定了十条开放源标准，进一步扩展了开放源的含义。此开放源标准在内容上与免费软件标准相似，但在框架结构上存在一些差异。免费软件标准是在 GNU 框架下、由自由软件基金会（FSF）所建。该标准将软件的自由使用程度分为 4 级（0—3 级），并对免费软件的特点和属性进行宏观定义。另外，开放源代码促进会和自由软件基金会还对符合标准的许可类型进行分类，并制定相应的标准条款。

人们还在不同类型的许可协议中加入各式条款。其中最常用的莫过于"版权共享"条款（copyleft）。简单来说，"版权共享"条款严格规定，衍生作品（软件升级版本）的传播和使用必须遵循与原作品相同的许可和规定。

一般来说，开源协议处于各国法律的司法管辖范围之内，其效力高于某一方或某一特定许可人以定式合同方式给出的协议。软件授权许可方式经过发展，各国法律系统或社区对此领域的规定也存在差异，因而人们在制定此类合同和圈定条款适用范围时就需要多加留意，以避免漏洞。

另外，开源许可起初仅限于软件方面，而如今已应用于其他类型的知识产权作品。在此方面，"知识共享组织"（CC）提出了六种协议类型，而这些类型要遵循两个共同特征：即传播自由和尊重原作。还有三条非强制条款，规定了商业应用规则和衍生作品在与原作品遵守相同许可的情况下进行自由修改和传播的原则。而六种协议的差异主要来自核心条款和非强制条款的灵活组合使用。

43

客户忠诚度

客户忠诚度是指在有其他相同服务和产品选择时,顾客受商家吸引而依然反复使用和购买该商家产品的现象。

客户忠诚度通常是客户由于技术、心理或法律经济方面的因素而产生的对相关商品的信赖（与该客户对商品的满意度、预期以及消费惯性有关）。

在互联网上，客户的信任与若干要素相关，主要包括：与直接竞争者相比，该项服务或产品的总体质量与价格优势、系统的稳定性、图形标记的一致性和设计风格的延续性、免费服务的预计价值、保密渠道的获取以及用户群体的规模或搜索引擎排名结果等。

在互联网上，客户对某项服务或产品的依赖通常基于某些特定因素，其本质上多为技术和心理因素，比如：得益于专家在服务和使用模式方面的建议而提高的用户效率、群体大小、群体成员之间的友情链接数量、投入服务的时间和资金。这种依赖也可源自法律经济层面的因素，一是在互联网服务的购买和订用过程中，互联网服务需要与其他配套购买的产品结合使用；二是当顾客使用专利媒体时，需要使用特定分配渠道或购买相关兼容软件。苹果的产品和软件，电子游戏的配件和游戏等的购买都属于这种情况。这样，商家就能抓住客户。在一些法律体系中，法律经济因素的产品依赖受消费者权益法和竞争法监督。

客户忠诚度表现为一种反复购买的习惯，它也能通过将客户购物的惯性和欲望相结合来获得。常用方式是提醒并邀请顾客再次使用服务或购买产品并享受优惠待遇等。在数字经济领域，更换所使用服务需要付出的成本有高有低：如浏览设备的更换、适应新服务的时间、学习使用新服务所需信息存取的时间等这类成本就非常高。但有时成本会很低，比如客户有时只需花些时间，通过搜索引擎在其他商家中找到最适合自身需求的服务即可。

跨媒体模式提升客户对相关服务或产品忠诚度的方法就是将服务与爱好者圈子结合起来。这些圈子来自社交网络或传统客户服务网络，还来自博客或测评网站。跨媒体模式的优势在于，它是一个结构紧密的多媒体编辑体系，可以防止客户认知失调情况的发生。而客户的认知失调会左右其对相关服务或产品的忠诚度，能够拖延其购买行为，或对其购买决定产生负面影响。

44

跨媒体

　　跨媒体是指多种目标媒体协同合作完成某项传播计划的传播方式。

在编制跨媒体传播的信息内容时，可以依据既定主题、时段以及不同媒体渠道所提供的空间，充分发挥不同媒体的特色，实现各媒体之间的优势互补，从而完成传播任务。

随着一系列技术、经济和社会学方面的变化在媒体产业中集中出现，跨媒体传播策略应运而生。

技术方面的变化主要包括三大趋势，即遍布所有产业的数据数字化、面向所有媒体的高带宽接入的不断增加以及人口流动性的大幅提高。

从经济学角度看，向跨媒体转变的动力主要来自传统广告媒体向互联网和新媒体的转型、新的融资模式（如免费/增值服务模式）的实施、用户信息资料的出售以及作为附加值的共享信息的使用。

从社会学角度看，信息受众群体正不断壮大且日趋分化。他们擅长运用多种媒体，而且具有强烈的参与意识。如今，日益细化的受众研究会在不同时段内根据年龄段和社会职业类别对单媒体或多渠道信息消费者进行具体分析。

在实际操作中，跨媒体广告活动需要执行一系列协同方案，其中会用到由以下媒体呈现和传播信息的不同模式：印刷品、广播、电视、互联网、手机等。

不同媒体结合应用的整体水平及相关联媒体间的交互水平决定着跨媒体产品的质量及其影响力。这一编辑策略将线性叙述机制（音视频和印刷脚本）和交互共享（Web 2.0 和移动应用程序）结合起来。

从内容编制角度来看，跨媒体传播给全球媒体制作方式带来了深刻的变化，这使它似乎成为了传统媒体（信息）应对Web 2.0（整合了主要用作传播工具的社交网络）的仅有的几条出路之一。同时，跨媒体传播似乎也是 Web 2.0 参与者充分利用有标记内容以及非常可靠的传统媒体编辑诀窍的仅有的几种选择之一。

传统媒体参与者和 Web 2.0 参与者都意识到彼此的信息传播方式具有互补性，两者的结合有利于形成信息消费和传播制作的新格局。

45

跨媒体经济

跨媒体经济是指跨媒体传播创造的媒体间的经济协同效应。这些效应影响了大部分行业,尤以广告、新闻、出版、大型活动、产品经销以及广义的服务业等行业最为明显。

从经济角度来看，信息通信技术的发展带来了新机遇，而跨媒体协作则让这些机遇的影响和收益持续成倍地增加。控股公司和媒体集团围绕其所掌控的不同媒体传播的互补性及其影响力来组织它们的传播活动。随着传统广告业向新媒体转型，这种新的组织方式也随之而来。

不同的信息通信系统在功能和使用方面具有切实的互补之处。宽带网络以及移动定位技术带来了种种便利，把相关的服务融入了人们的日常生活，并可以根据消费者的行为适时加以调整。这样，这些信息通信系统所提供的服务就更加具有针对性。消费者应用这些技术就可以即时解决相关问题，时效性很强。

跨媒体经济中，个人数据的使用是核心，因此，创建一个明确的国际化标准信息库似乎是不可或缺的。对于消费者而言，个人信息的收集和处理需要更大的透明度。跨媒体经济涉及信息虚拟化和消费者个人信息分析，但消费者也会被纳入新的媒体语境中而被重新描述。

从整体策划的角度来看，跨媒体操作可以配合 Web 2.0 的应用，使其全面适应相关规则，从而有助于实施推广和销售策略。

从操作系统设计者和开发者的角度来说，跨媒体传播所引发的种种变化带来了互操作性问题。为给用户提供顺畅的导航服务，跨媒体传播就需在一定程度上实现互操作性。这不仅会左右行业参与者对合作对象的选择，还会影响到面向用户的跨媒体生态系统。

跨媒体传播使得典型经济模式中的传统参与者能够参与到新的商业进程中来，对本地的小型企业而言尤为如此。这些企业得益于较大的平台以及定位准确的广告，从而能够更容易找到其客户群体，并为其运作重新带来活力。一方面，这一发展对于电子商务平台如亚马逊（Amazon®）非常重要，它们会建议当地零售商在其平台上展示其产品目录；另一方面，这一发展对于基于本地的打折信息（通常是服务）架构的团购平台如高朋网（Groupon®）也同样重要。跨媒体传播促进了商品推销，而且其影响力也成倍增加。

跨媒体传播驱动经济发展的主要因素在于虚拟网络中的消费者与现实中的消费者是一致的。

46

跨媒体使用

跨媒体使用是多功能信息生态系统的一部分,能够为用户提供比较顺畅和完整的体验。跨媒体在传统编辑媒体和现代交互媒体之间搭建了技术和信息桥梁,从而改变媒体消费潮流和传播模式。

在分析跨媒体使用之前，有必要分析每个媒体的使用情况及其对应的用户类型。根据受众类型，可以分成以下三种主要媒体类型：多点传播、点对点传播和点对多点传播。其中，多点传播具有信息性、社会性和同步性的特点；点对点传播具有传播性、定制性和同步或异步性的特点；而点对多点传播具有信息性或传播性、共用性和异步性的特点。

跨媒体使用的互补性特点可以最有效地促进信息传播和通信。可供选择的使用组合对受众的行为有引导作用。譬如，报纸作为一种传统的大众传媒与点对多点媒体使用结合时，读者可评论或在社交网站上分享在线文章；当报纸与点对点媒体使用结合时，用户经推送授权可进行简易资讯聚合（RSS）订阅和新闻简讯。

跨媒体产品的设计具有独立性，通常表现为使用时的多样性和包容性。多任务使用现象影响了用户行为，而这些多媒体产品可以与不断变化的用户行为保持一致。

跨媒体技术使用并非一成不变、孤立存在，它是日常生活的一部分。社交网络和手机通信就是日常跨媒体使用的两种主要载体。通过这两种载体，虚拟活动可在有形世界的一定场景中得以再现，如二维码、推送技术或城市电子显示屏等。同时，虚拟世界亦可通过一定技术如地理定位系统和网络平台，如四方网（Foursquare®）、推特（Twitter®）、脸书（Facebook®）等，再现现实世界中的实际活动。

跨媒体绝不仅属于年轻的科技爱好者，每个人都可通过传统媒体和简化界面上的数字接口实现多种形式的跨媒体应用。

47

跨媒体协同

跨媒体协同是指不同媒体的最优化组合,以满足特定传播项目或呈现特定信息内容的需求。

跨媒体协同属于经济学和营销学的范畴，不同媒体组合后的整体效果大于单个媒体效果的简单相加。

出版商为了掌控信息，需要分析媒体之间的协同作用。每一种媒体都有两种属性：一种是技术本身赋予媒体的固有属性，而另外一种属性则依赖于公众对媒体的使用。

针对不同的信息传播策略，跨媒体协同模式在内容编辑和技术应用方面都会做出相应的调整。有些跨媒体宣传活动为了在公众中产生广泛的影响力，会采用多种媒体设备进行统一的内容传播。在这种情况下，关键是要优化产品以使其内容和形式适用于各种媒体。而对于面向特定群体、以实现预设效果为目的的跨媒体活动来说，关键则在于挑选适合产品的媒体并根据产品调整媒体，以达到预期的宣传效果。

上述两种应用于跨媒体协同模式的信息传播策略和媒体选择方式截然不同。

前者对应不同媒体模版的组合，不同媒体有不同的技术要求和应用模式，这些组合模板也会随之改变。后者则是为用户量身定制的跨媒体协同组合。

在单个宣传活动中，跨媒体协同技术还可用于在多种媒体之间传播内容。例如可以将广播广告中一些必要但感染力较差的内容发布到互联网上，从而达到持久的效果。这种传播的协同形式给消费者提供了一种获取信息的模式，并为他们所熟悉。同时，这些传播媒体的设计也可以起到反复回响的效果。当消费者在另一媒体上再次接触某产品广告时，共鸣效应就随之产生了，这样就唤起了消费者首次接触该广告时的记忆，继而促使其消费。

一次完整的跨媒体传播能够最大限度地降低不可控信息对产品的影响。不可控信息内容主要指客户评论网站、产品评估杂志和博客上面的信息。通过观察搜索引擎列表可以发现，如果官方的传播活动能够利用跨媒体协同增加产品网站的流量，那么这些不可控制的、有时甚至是负面的信息内容就会大幅地减少。

48

跨媒体作品

跨媒体作品是人们通过多元互补的媒体应用程序，综合应用多种媒体，整体呈现相关内容的智慧型作品。它具有宏观工作的结构体系，将许多不同类型的媒体作品链接起来，形成一个连贯有序的产品。

与多媒体作品类似，跨媒体作品的不同元素经常彼此影响、相互补充。在以传播媒体为载体的跨媒体作品中，上述特点尤为显著。跨媒体作品完全是一项创造性的跨媒体活动，其中用于衔接不同界面的脚本撰写工作非常重要。这正是跨媒体作品与多媒体作品的本质区别。

跨媒体作品的创作十分复杂，涉及多项技术手段，因此通常需要一个跨媒体项目的协调者或组织者。与协作作品不同，跨媒体作品属于集体作品，最终整体呈现全部媒体元素，其中，单个媒体元素对于整部跨媒体作品而言都是不可分割的。因此，这类作品使用权的授予对象可以是唯一的。拥有版权的个人或公司实体可相对自由地使用该作品，并可以最终转让这些使用权。这是跨媒体作品作为集体作品的优势。

跨媒体作品和多媒体作品的使用条款在本质上类似。其每部分内容都会有单独的合约，用以规定各媒体元素的具体出版和发行事宜。上述合约的多样性及各媒体元素间的合约关联性要求跨媒体作品在整体维护、内容更新和互操作性维护方面责任明晰，而在重审这些合约时要有灵活性。

跨媒体作品的传播和使用方法具有多重性和复杂性，这对跨媒体作品而言是一项重大的挑战。为此，跨媒体传播机构可在协调合作伙伴方面提供支持，以应对这种挑战。跨媒体作品具有不同于其他媒体作品的独特属性，具体表现为资金来源的多样性。其资金来自不同层次、渠道和媒体的相互整合和运作。使用跨媒体作品中的单个或多个媒体元素正是使用该作品本身，而不能视之为该作品的衍生权利。来自网络广告、销售应用程序、捐助、电视广告、支持服务或营销许可等的收益均可作为跨媒体作品的利润来源。这使得跨媒体应用在本质上具有多样性。其应用过程中需要多家出版商、发行商和管理伙伴的相互合作。

不同的国家在技术标准、传播中介、技术普及度、使用成熟度以及多媒体设备市场等方面表现出广泛的多样性，这使得跨媒体作品需要根据其传播区域的特点做出调整。这一难度和全球化市场所特有的适应要求相吻合，即全球化市场中应有地方特色。

49

流式传输

流式传输是一种连续不断地传播信息的方式。流式传输经常与现场直播或无需事先从服务器下载的内容传播有关。如今,伴随着高速信息访问技术的到来,出现了一种能够连续而顺畅地回放高清内容的信息传输方式,即互联网流式传输。

流式传输使超虚拟化内容的访问变得更加便捷，因此减少了在读取媒介上存储信息的需求。起初，流式传输模式（通过广告获得资助）是免费的，并且分享用户自创的内容，如"优图比"（YouTube®）和"每日影像"（Dailymotion®）等视频网站上的视频。

流式传输打破了传统媒体和视听内容分销商的垄断，促使它们不断更新信息服务内容。如今，电视频道借助流式传输的方式为互联网用户提供一部分电视节目和高质量的实况转播。为了应对新的视听形态和信息浏览方式，电视节目回放功能应运而生，开创了智能电视服务的先河。

与此同时，在未经产权拥有者许可的情况下，流式传输可以在互联网上广泛地传播内容。非法流式传输已经变得非常普遍，给音乐和电影业的收益造成了严重损失。现在，有些采用流式传输的媒体平台选择同信息分销商联合，他们更改用户访问条款，并与分销商分享广告费与增值服务订阅的收益；有偿地向网络用户提供流媒体（采用流式传输的方式在因特网与内联网播放的媒体格式）服务，如视频付费点播这一服务就是基于流媒体视频的消费需求而产生的。

流式传输不占据大量的硬盘空间，但需要高速网络。它已经成为一种移动信息传播工具，可以为智能手机用户提供新型服务。

从理论上讲，任何连接互联网的设备都可以实现流式传输。因此，多媒体装置自身应该会带有流式传输这一信息传播模式。然而，这又牵涉到经济因素和所有权问题。它们限制了信息消费，尤其是免费信息消费。其中，一个典型的例子就是智能电视提供的某些付费服务。

50

媒介传播

媒介传播是一种以一个或多个性质可能不同的媒体为中介的通信和传播过程。媒介传播通过各种编码或解码过程实现对信息的访问。

文化和技术信息编码系统主要面向视、听两大感官，已经变成了必不可少的信息传输的媒介传播者。语言在信息生产和所有类型的沟通和交流中都起到了核心作用。语言作为媒介传播者，在人际交流、人机交流和机器之间的交流活动中保证了信息的可读性和可操作性。

信息受众若要对信息产生适当的理解并做出自然的反应，就可能需要多次连续的媒介传播。例如，要想使用户读懂用计算机语言编写的信息内容就需要对接收信息的过程做出多次连续的媒介传播。同样，要完全理解某项艺术创作，破译该作品的信息，也离不开连续的感官媒介传播。媒介传播过程需要结合该艺术家的创作意图以及该艺术作品的创作背景，如与该作品相关的艺术史、其所属的艺术流派以及该作品在这位艺术家作品中的重要性等。

随着新型信息传播技术的发展，新的媒介传播形式正在出现并开始发挥作用。长久以来一直因其感性和虚幻特性而被较少应用的图像，正在通过发挥其新的潜在力量，如交互性、三维图形、动画、沉浸功能和虚拟现实的能力等，寻求在科学的、文化的和教学的媒介传播上占有一席之地。图像、文本和声音正在复杂的多媒体情境下寻找新的位置。跨媒体技术是一种作用于多种媒体间的新型媒介传播工具。跨媒体应用离不开数字化与宽带网的普及，它能够对所采用的异质能指符号进行语义构建。跨媒体媒介传播是交互媒体化的过程，它使不同媒体彼此交互，在强化的普通传播中形成自己的特色。

51

媒介化

媒介化是指借助媒体对传播内容进行调适的过程。媒介化是调适传播内容的现代化形式。它与收音机、电视和网络等媒体同步出现并日益专业化。

借助技术手段，媒介化可以向人体某个或多个感官进行远程信息传输。

由此，无线电信号、音频信号以及所有语音广播都能被听众接收。同口头传达信息一样，这些远程信号能够激发信息受众的认知机制。

媒介化技术正在不断发展并日益复杂，就图像而言，种类就十分繁多，如静态图像、动态图像、二维图像、三维图像、交互式图像、多个载体设备上的分解图等。此类技术激活了多种与视觉相关的心理认知机制，带来了广泛多样的使用方式。人们可以利用这些心理认知机制进行思考、识别、学习或展示等。

媒介化技术通常与大众传媒及单向信息传播有关，但是，随着互联网的到来和提供个性化媒介服务的新型移动媒体的到来，这一切已经发生了巨大的变化。

技术手段的人性化以及家务自动化中机器人的使用都是仿真技术媒介化的体现。智能产品间的信息传递满足了产品间的兼容、接入同一网络以及多参数设置方面的要求。智能产品间的信息传递可在不同程度上促进人工智能的发展，进而实现智能产品之间的交互。

富有创新精神的网络用户正在探索本体感觉媒介化和科技仿真技术。与此同时，他们还在应用其他类型的媒介化手段，以探寻连接虚拟和现实世界的方法并使信息内容明白易懂。

跨媒体的媒介化能够挖掘和激发各个媒体受众的认知机制的潜力，从而促成和优化信息沟通。这种以互补型媒体为载体的信息传播模式，通过激活不同受众的心理机制，提高了受众关注信息及接受信息的程度，增强了信息传播的共鸣效果，使信息内容的传播效果更持久。

跨媒体方案设计的构架基于不同终端界面之间的交互。

跨媒体媒介化就是多媒介化。这种多媒介化形式的出现及其产生的实际影响正逐渐取代传统的数据分析。它开创了一门全新的媒体符号学。

52

媒体

媒体指用于传播信息的媒介,即实现信息传播的各种通信的方法、技术和系统。

随着各种媒体技术日新月异地发展和相互混合，媒体这一概念的含义已经发生了显著的变化。然而，在新兴的信息传播技术领域，媒体这一概念的架构并未改变。

根据媒体交互的性质以及信息发布者和接收者之间的传统二元关系，媒体的交互方式可以分为三大类：即点对点、点对多点、多点对多点。要确定媒体的交互特征似乎首先要看受众的类型，即受众是大众、个体还是群体。尽管表现方式不同，但每种受众类型的确定都经历了从被动到主动的过程：大众的行为特征很难捕捉，只能通过销售、公众的兴趣以及调查问卷的统计分析来显示出来；个体的行为具有个性化和即时性的特点；群体的行为特征则具有异步性、可预见性、弥散性和用户自定义性。

媒体是实现远程媒体化的工具。在媒体化过程中，媒体被视为用户个体感官自主延伸的一种手段。信息的编辑选择、传播、表达或传递方式都有赖于受众的感官、联觉（感觉之间相互作用的心理现象）以及所使用的媒体。

为了实现媒体的协同增效，跨媒体的创作与制作寻求营造多感官复合效果，并根据预先确定的方法引导信息接收者的行为。智能电视就是这种趋势的一种表现，它改造了家庭媒体——电视，使之适应新媒体和互联网的多点接收和选择性非线性化过程。按照同样的逻辑，新闻，这种传统媒体，也通过推行多媒体电子版、简易资讯聚合（RSS）订阅、电话推送、实时通讯或者开通互联网评论文章服务等来满足多点接收者的需求。

全球化进程和互联网上日益趋同的获取和传播信息的方式改变了其他媒体方式的地域局限性。作为中间媒介的互联网，通常受到来自语言而非地域的限制。过去，许多媒体仅以公司周边为其服务的目标对象。现在，这些媒体也从数据处理技术和重新调节地域范围的定位技术中获益。

53

媒体策划

媒体策划是指为某项传播活动选择适当媒体而进行的组织和策划工作。媒体策划的任务和目标明确,其实施方案要协调一致并且层次分明。

媒体策划先通过受众测评工具对各媒体进行评估,然后再选择广告宣传适用的媒体。媒体策划过程中会依据预期广告效果将广告活动分割成不同的模块,并以此调整不同媒体的传播顺序和节奏。就传播效果或成本而言,不同的媒体组合和传播计划都不尽相同。媒体策划能够有效锁定广告受众,从而达到控制广告宣传和支出的目的。媒体策划将各媒体的单次传播支出和与之对应的有效传播支出进行对比,从而确定何种传媒形式应优先享有预算支持。

媒体策划还要将所选编的广告内容与其主题对应起来。主流媒体的内容或方案,如果信息传播特色不够鲜明,必然会失去某些受众群体,这种媒体形式主要适用于宣传大众市场的产品。与其相对应的,专业化方案或内容会引导受众去关注与该专业相关的广告。此外,不同的受众关注不同的内容,而广告效果也会因所用媒体和内容种类而不同。跨媒体传播的作用就是通过例如游戏等形式让受众积极参与进来,以增强他们的关注度和认同感。

网络广告和移动推送广告能直接将信息传递给所熟知的目标客户,其准确性和有效性有目共睹,并且不存在受众流失这一潜在威胁。

媒体策划中经常会通过同一个或多个媒体形式向某一目标受众多次传递信息。该传播活动的密度和共鸣效果则必须通过在一个或多个媒体上设定重复性目标的方法进行逆向分析。

跨媒体技术是媒体策划过程中不可或缺的工具。通过跨媒体应用在上游环节中对不同媒体的互补性调整,从而实现了共鸣效果。跨媒体传播考虑到了各媒体形式的具体特点,使信息加工更加高效。跨媒体传播活动的目的是使广告有效重复,并以此保持和提高客户的忠诚度。

54

媒体代理商

媒体代理商是主要负责购买广告位的中介机构。它们按照广告客户或代表广告客户的传播公司及广告商所提出的要求,选择最契合市场和目标受众的广告位。媒体代理商通常是传媒集团或传播集团旗下的子公司或是集团内设的部门。

媒体代理商在众多媒体中为客户选择最佳广告位,确保广告宣传覆盖面最广、可见度最佳并将广告信息有效地传达到目标受众。为了吸引消费者,媒体代理商会运用全方位传播方式分析不同媒体的宣传效果。此类分析注意了不同社会职业人群的媒体使用情况进而帮助媒体代理商来开发相应标准的广告模式。媒体代理商在确定广告地点和购买广告位方面更加专业,更有能力对广告的布置做出最佳判断。

确定广告策略后,媒体代理商通常会代表广告客户与广告商洽谈,就广告费用和传播相关事宜达成最有利条款。由于媒体代理商租用了大量广告位,在与广告商谈判时,它的优势远远超过个体的广告客户。在有些国家,尤其在法国,法律规定媒体代理商购买广告位时,广告客户必须有知情权。

媒体代理商还可直接受雇于广告客户,帮其策划和管理广告活动。此时,媒体代理商须保证按照客户的具体要求呈现和传播广告,并根据新的营销需要适时调整广告活动。

互联网广告位基于多媒体应用,因此样式繁多。广告内容可以呈现在网页的网幅广告上,或嵌入网页其他主题的背景中,也可以音频视频的形式插播在歌曲或视频之前。

除媒体代理商之外,一些联盟平台也会充当中介,在编辑型网站上为有广告需求的商业网站提供广告位。这些互联网平台所用合同条款与媒体代理商所履行的合同条款不尽相同。此外,由于谷歌(Google®)和脸书(Facebook®)等主要的互联网广告网络机构极大地简化了广告客户联系卖家的过程,作为广告客户和广告商的中介,媒体代理商只能获得有限的收益。互联网广告位不再是针对某社会职业人群的销售途径或潜在的消费人群,而是让商家通过其在线活动直接把信息传播到具体消费个体的手段。

这一通过购买广告位发行广告的方式正在逐步地向一种合作模式发展。在这一合作模式下,广告内容甚至商业运作的相关信息都会被整合进去。这种模式目前已经用于智能手机和网络站点,将来还会推广应用于智能电视上。

媒体代理商通常采用跨媒体方式进行广告活动。这种新的不同媒介设备彼此关联的形式很容易产生共鸣的效果,能够有效地引导消费者的购买行为。而通过移动媒体发行广告时,该效果尤为明显。

55

媒体混合

媒体混合指将几种媒体形式混合使用,然后生成新的传播媒体形式(有时也被称为"设备")的过程。媒体混合兼具两种媒体形式的特色,能够更好地适应它的传播环境,实现大量信息的传播。在数字化过程中,诸如文本、静态图像、动画影像、声音以及实时 3D 文件等异质媒体形式均可以调用,有时还可并用。

然而，在媒体共存的基础阶段，不同的媒体形式虽能彼此支持，但并不能实现真正的交流（如看书的同时听碟）。超越这一基础阶段、实现媒体混合的前提是有一个能够促进不同媒体形式和谐共存的技术环境。换言之，每种媒体形式所特有的记录元素之间都要有足够的相似性。

用户可以自行决定接收文本、图画或照片的顺序和速度，这些重新构建的静态与空间形式前所未有地被混合起来。其中，记录媒体（印刷介质）和重新构建的媒体（印刷品）作为共享媒体环境的要素，催生了媒体混合的新传播形式，比如连环漫画和摄影新闻。

过去读取设备决定数据读取的顺序和速度，以此来重新构建媒体的动态形式或时间形式。这种做法试图通过协调不同的媒体形式，比如动画影像和声音等，来创造有声电影。其中，声音是通过一种独立于投影仪的专门装置——克罗诺风（chronophone）来重新构建的。这种媒体共存模式有严重缺陷，尤其是音像永远无法同步。这种结构缺陷在记录元素同质的时候得到了解决：即在同一个记录媒介——模拟照相记录胶片上，用黑影照片处理影像、用光谱图处理声音，然后再用光学设备同时解码。这就是媒体混合的过程。

从20世纪90年代早期开始，随着数字技术（二进制编码）的广泛应用，所有媒体形式的各种记录形态都趋于同质化，这使得它们能够超越简单的共存、模仿和代替阶段。在这个全新的、多产的领域里涌现出了大量的混合媒体。这种同质化给媒体混合注入了新的活力。媒体整合不能脱离传播环境或者内容的具体信息。因为它首先要考虑所传播内容的特点，使媒体形式必须与之相适应，然后才能考虑如何进行最优化的媒体传播。从这个角度来说，数字化的潜力在于其操控能力，即要在所有记录形态中锁定、提取和分离各种媒体形式的独有特征，然后将其重组和混合，从而用混合媒体形式来体现复合的特征。这种特征看起来像是一种媒体形式的固有特点被注入到了另一种媒体形式之中。

媒体混合的结果使传播形式发生了改变，实现了与媒体调节内容一致的密切相关的功能。

如今，媒体传播已经融入媒体形式不断改变的过程。在这个过程中，媒体形式不断转化、更新并日益分化，出现了越来越多精妙的混合媒体。这些媒体形式在互动游戏中至关重要，它们正趋向于构成一门新的语言形式。

56

门户网站

门户网站指通向某类综合性互联网信息资源并提供有关信息服务的应用系统。用户通常可通过门户网站登录到其他编辑类资讯网站或商业网站。对门户网站来说，主页内容的质量及其人性化设计是至关重要的。

门户网站的设计理念来源于信息生态系统这一概念。根据这种设计理念，门户网站可以引导用户吸收相关数据信息和服务内容，并使访问过程顺畅无阻。此外，用户还可以通过门户网站登录到特定的外部网站，这些网站往往与该门户网站有合作关系。大多数门户网站都有搜索信息、比较信息和热度排名等功能。

门户网站运营商以培养用户的忠诚度为目的，使用户尽可能多地访问该网站。他们通过优化的、更加个性化的服务来吸引用户建立个人网络账户（用以识别用户的身份）。

门户网站如互联网服务供应平台、虚拟主机服务平台、实时通信平台、社交网站、编辑类网站以及为商家提供营销渠道的发行网站等都有其特定的核心服务内容。在 Web 2.0 模式下，门户网站会根据用户的需求，提供越来越个性化的信息服务。

部分门户网站的信息内容很宽泛，但绝大多数门户网站都有一定的服务主题。基于服务主题的门户网站依据选定的主题来寻找信息并优化检索结果。通过其合作网站和下属平台的支持，主题门户网站会想方设法地吸引那些对该主题感兴趣的群体。

门户网站的信息服务结构往往是公司内部选定的设计方案。这些企业内部的门户网络系统可用于支持团队协作、企业监管、资料备案和业务交流等。与互联网的门户网站类似，企业内部的门户网站也支持用户的访问。

移动媒体亦可使用门户网站。移动媒体的门户平台是网站结构的形式，由网站运营商或软硬件制造商提供。

智能电视服务也采用门户网站的结构形式。每个门户网站都具有独特的设计。智能电视的门户网站不同于互联网门户网站。互联网门户网站的数据采集模块更为复杂，其平台所用的图形界面要更为简洁。

57

免费经济模式

免费经济模式是指不通过传统方式（即向传统消费群体出售产品或服务）获得资金的经济模式。企业的互联网业务主要是提供服务，有时也提供产品，其经济模式强调免费性。这种免费经济模式能够在互联网上占主导地位，主要是因为其数字用户流动性强，网络存储及分发服务的成本低廉。同样，云计算系统也强调这种免费特点。基于免费概念的经济模式并非互联网所独有，免费报纸、公交站亭、礼品包装服务及化妆品小样都是这种免费经济模式的具体体现。

免费服务会有一些长期目标。通常，以免费为核心概念的经济模式并不通过销售来维持公司的运作和营销。此类模式有几种盈利方法，并且经常组合使用。

首先，如果用户未订购服务，服务提供商就会限制其使用某些内容、功能或存储空间。这种方法常见于互联网业务。公司利用这种方法，通过受限的优质服务来吸引用户，并逐渐地使他们相信获得完整服务（如编辑内容、下载资料及电脑游戏网站体验等）的种种好处。这种做法非常像"免费/增值"模式，可适用于用户与普通大众。有些网站的经济模式是通过锁定不同类型的用户，有针对性地采取限制措施，如邻客音（LinkedIn®）。出于经济利益的考量，有些互联网用户希望获取网站信息或网站与其他用户的来往信息。为此，这类用户愿意付费浏览网站数据和扩大其广告的受众范围。该网站通过"限制服务"的方法获取资金来源。

一旦提供的某种服务大获成功，如点歌网（Deezer®）或者在市场上占据了主导地位，网站就通过推行"按次付费"服务来限制非订购用户的使用。这种方法广泛应用于互联网经济中。

利用广告收入来继续提供服务也是免费经济模式的一种常用方法。可以在网站上直接做广告或把网站的广告位租给广告商。广告可以电邮给免费会员或以网幅广告、弹窗广告等形式放在网站上，或整合为网站的一部分。

通过收集、处理用户的个人信息，可以使广告商改进他们的服务，而网站可以从中获利，继续提供免费服务。这种盈利方式相当隐蔽，用户通常毫不知情。以此为主要融资方法的有谷歌（Google®）的搜索历史、浏览记录、下载追踪、数据分析和脸书（Facebook®）的脸书联盟（Facebook Connet）、脸书社交插件（Facebook Social Plugins）、脸书信标（Facebook Beacon）等，它们直接或间接地向广告商出售用户信息。

这种免费服务也可以通过自愿捐赠的方式获取资金，例如维基百科（Wikipedia®）、某些音乐团体等。

跨媒体传播中，一些媒体是有偿使用的，所收款项可以为跨媒体的免费模式提供资金支持。某些音乐或游戏在计算机上免费提供，但在手机上则需要付费才能获得。跨媒体给用户需要增值服务提供了多种支付方式。用户可以使用借记卡或在计算机上支付，也可以在手机上进行微支付，或者直接在销售点购买服务。跨媒体能够根据所使用的不同媒体类型调整广告内容，并且只在特定的媒体上传播。

58

免费增值商业模式

免费增值商业模式是免费模式采用的一种融资方式,主要用于互联网领域。它以受限访问为中心,针对相似类型用户而建。

免费模式主要依靠用户的忠诚度和他们选择付费的订用。其中要考虑的典型因素主要包括可使用的新功能，更大的存储空间，能够访问全部内容，不受限访问，无等待时间，快速访问，免受广告干扰以及可享受特定类型媒介服务（如电话）等。

限时试用不能算作免费增值模式，因为用户只在试用期结束后才有购买可能。限时试用并非在免费与收费服务之间进行选择，而是选择在试用到期后是否通过付费或购买许可来继续获取服务。这种机制在软件分销中很常见——不存在产品成本，网络分销成本也极低，而且试用是有效的产品宣传方式，还能让用户熟悉产品。所以，比起免费增值模式，限时试用更像是一种"样品诱饵"模式。

与诱饵模式相似，免费增值商业模式通常也是能够培养用户依赖性的一种服务。从技术上说，用户依赖性同服务所提供的数据与连接的不可导出性相关。而从心理学角度来看，其主要基于克制效应，该效应在免费增值商业模式中主要表现在对每天使用时间的限制上。

在对免费增值服务进行设计时，挑战之一便是对商品和服务应当归入免费类还是付费类的标准进行设定。免费服务不应只为吸引眼球，而必须有很好的品质，能够引发或在一定程度上满足某种需求。付费服务应与免费服务保持一致，且必须能够全面满足在免费服务中引发的这种需求。要让免费用户逐渐意识到收费服务能给他们带来更多好处。用户的这一意识可通过一些方法养成，比如让用户感觉到比其他人更有优势（此方法通常用于电子游戏的推广），想到可以在其他媒体，如手机或平板电脑上使用的可能，又可以通过对其每日的使用时间、可用功能、访问权限等加以限制，刺激客户的受挫心理，诱使客户付费。

若要有效吸引用户付费订用，相关的促销策略必须表现出对用户的尊重，要明白如何提供有竞争力的产品和服务，同时要对市场准入壁垒有所了解。

59

目标客户

目标客户通常是指某企事业为销售推广其产品或服务而关注的特定人群。

传统意义上，目标市场或目标客户指某一产品或服务针对的消费对象。

定位的产生是基于多重的、互补性的标准，特别是涉及社会职业的、地域性的以及行为方式等标准。

对营销目标的选择或确定，可以在产品投放市场前，通过对行业和相关产品的分析来实现，也可跟踪分析商品发售时的具体数据来确定。这些分析能帮助公司更快定位核心营销目标，即重点消费群体。这一群体通常由公司的前瞻性决策和市场结构共同决定的。

目标市场及其外在形式的确定，离不开合适的形象推广策略的使用，以及对目标客户购买渠道的集中宣传投资。因此，根据社会职业属性确定目标市场的策略，可以用于产品的定价，方法就是形成一个用以刺激消费并提高顾客忠诚度的宣传攻势。形象推广策略实施的基础是传播受众，也就是信息传播所针对的不同人群。

随着个人信息在营销实践中的广泛应用，目标客户的定义也在悄然变化，已不仅泛指根据社会等级划分的客户群。消费方式中的不同等级，大体由消费者行为和品位等信息决定。这些信息由一种缓存文件（cookie）和兴趣统计工具收集，再由网站流量统计系统进行细致处理。此外，博客和网络兴趣圈子也已成为营销的中转站，通过特别渠道，将信息传递给目标客户。

在新的营销形态下，跨媒体应用通过在不同分销渠道之间创造共振效应，形成沟通目标客户的高效方法。形式不同、功能各异的各类媒体，将内容互补的信息接力传递，最终发送至目标客户。

在个人资料收集和广告传播方面，媒体之间的互补性打造了更为先进的信息传递网络。媒体的结合还能实现更多功能，比如手机的优势之一是移动性强，将此优势和地理位置定位功能结合起来，就能根据用户的所在位置和个人特点，准确地将广告和信息送到客户面前。

这种技术的进步，让广告商和传播机构能更轻易地获取个人资料，建立内容准确的消费者档案。此举从道德和法律层面，都会引起争议或产生问题，焦点集中于个人如何能够自由地掌握、管理和删除自己的个人资料以及如何限制他人使用。

品牌叙述

　　品牌叙述是一种隐蔽的、巧妙的营销宣传策略，该策略与传统的市场营销方法不同，它能够稳定品牌产品的客源，增强用户的忠诚度。

在此之前，品牌形象建立在严谨周密的分析基础上，这些是制定营销策略的必要环节。此后，树立品牌形象转而依靠特殊的宣传策略和营销策略。

作为一种策略，品牌叙述在不同营销层次的很多环节中都能发挥作用。它取代了以往的直接的宣传方式，去除了所描述事件及其相关内容中的主观色彩。首先，品牌叙述策略对叙述的情节进行润色，将叙述者的角色转化为一个或多个人物。其次，该策略根据情节需要以及叙述者的初衷来安排和设计人物，并借助隐喻方式来组织叙述的内容。最后，该策略将所要讲述的内容整理成几条线索，并赋予情感、加以渲染，以便让公众容易接受所要传递的信息。

与传统的传播方式相比，品牌叙述有两个优势：

一是它能够确保信息的客观性。在不提及作者姓名的前提下，让事件随叙述过程自行展开似乎更加自然、合理。

二是它能够将情感融入信息之中。面对娓娓道来的故事，信息受众会淡化自我意识，重构身份，寻找共鸣，将自己融入讲述的语境之中。

品牌叙述策略目前已经渗入新闻传播、信息编排以及电视传播等领域。该策略旨在提升公众忠诚度和扩大受众面。互联网的日益壮大以及海量主题打包形式的电视节目使一些行业陷入了岌岌可危的境地。对这些行业来说，品牌叙述方式已渐渐成为不可或缺的一部分。

在竞争激烈、淘汰率高的电视栏目编制行业中，纪实小说可算是最成功的电视节目之一。这种节目，借助品牌叙述策略，融合了科学性和文化性，是混合模式的典型例证。

在跨媒体，尤其是交互媒体中，信息表述呈非线性分布，可供选择的信息导航功能多种多样，这让观众无法保持关注或整体把握信息内容。而品牌叙述有望在信息内容构建方面发挥重要作用。

品牌叙述这种间接策略的优势之一在于提升叙事艺术和内容的价值。现今，使用这种策略可以影响知识传递、经验和信息共享，甚至为数字媒介传播等领域的发展带来了新的理念。

61

屏幕

　　屏幕是一种显示媒介,是通过高科技手段将虚拟的内容形象化和可视化的设备。屏幕的种类繁多,在尺寸、形状和功能上各有不同。

当前用于生产屏幕的主流技术有阴极射线管、等离子、数字光处理、液晶显示（LCD）技术、电阻模拟技术和电容触摸技术等。

随着屏幕技术的不断发展，影院大屏幕和家用电视小屏幕之间的差别已经不大。这两类屏幕已经在多媒体技术的推动下合为一体，衍生出了计算机显示器、家庭影院屏幕、需戴3D眼镜观看或直接观看的3D屏幕、电子游戏机屏幕、移动电话屏幕、平板电脑和电子阅读器屏幕、城市电子屏幕以及触控桌等众多产品。电子终端设备的互补性和合一性从计算机出现伊始就周期性地体现出来。内容数字化的广泛推广则更加强调了这一趋势的重要性。

适应家庭自动化和通信产品的发展需要，屏幕分为私用和公用两类。在此情况下，举例来说，城市电子屏幕也可以为人们提供新的服务，特别是形状识别系统的应用，透过屏幕，给行人以交互式的传播体验。

所谓屏幕消失，是针对其用途和形式而言的。如果不再依靠屏幕显示，人和虚拟世界之间的关系将会产生巨变。这一超前命题的可能性，正在电子游戏和数字艺术所使用的沉浸式空间中得以验证。数字艺术这一学科对化身和真实人类之间的交互进行研究，将重新划定现实和虚拟表现的边界。

跨媒体技术正是多元化和互补性的产物，而多元化和互补性的形式也处于变化中。跨屏幕场景的实现正是利用了不同终端屏幕的特定性质和用途。

按起初功能来说，不同类型的屏幕都有自己的一套书写样式。这些样式是根据屏幕形态、所用人体工程学的操作方法和内容展示方式而定的。每种屏幕早期的不同使用方式，同样借鉴了其他类型屏幕的一些或所有特点。最具代表性的例子之一是新一代电话上视频消费的普及。

交互性的发展，带动了人与屏幕之间关系的变化。而交互的体现，已从早期的遥控器，演变至屏幕上代表用户的虚拟形象。新的屏幕显示方法的应用，深刻改变着用户对真实环境的感知，由此改变了人类和虚拟活动之间的关系。孩子如果从小主要依赖屏幕学习，那将导致其认知能力的变化。

62

企业身份

企业身份指企业客观特征与企业形象的结合,由两部分组成,即企业的法律身份和消费身份。前者主要针对企业的商业伙伴、竞争对手和金融机构,后者则主要面向潜在的消费者。

企业的法律身份可以提供有关该公司性质、经营活动及业绩报告的准确信息。在企业并购过程中需要用到企业身份的相关信息。它包括企业的法人身份（企业凭此身份融入社会）、经营目标、资本、总部、执行官、股东，还可能包括公司的销售和收入情况。对于经济合作伙伴和潜在债权人来说，这部分信息必不可少。从这方面来说，企业身份可等同为公民身份。这里还包括了企业的金融身份，它与该公司在金融市场的存在、金融中心的选择或者其股价的历史相符合。

企业的消费身份具有宣传公司产品或服务的形象推广功能。企业利用消费身份来展示公司价值、专注特定客户群，并通过简化认证来培养其客户的消费忠诚度。这种消费身份可以借助特色品牌而具体化，从而有别于其他竞争者的同类产品。这里还包括了企业的视觉身份，主要是公司的标识，在将企业产品与其消费身份相联系方面也发挥了重要的作用。如果公司的标识符合公司的理想身份，它就可以轻松展示该公司的主要价值并体现其最重要和最突出的特征。

产品标识也是消费身份中反复用到的元素，它可以代表公司向消费者客观地展示相关产品的知名特点或具体价值。公司可以通过产品标识来确认该产品符合了外观标准。产品标识可增强用户归属感和品牌辨识度，这对于尚无品牌知名度的公司而言，可以起到补偿作用。可以肯定，企业的视觉身份必须与不同传播方式和不同媒体的具体特点相适应。跨媒体应用可在一定程度上增强企业视觉身份传播的联动共鸣效应。

企业身份的变化之一是和消费者对其定义的影响有关。社交网络、博客和产品测试网站削弱了公司在其企业身份建构过程中的掌控力。

对于那些有科技实力、锐意创新形象的公司而言，跨媒体技术的应用仍不失为一个与众不同的重要元素。

63

企业形象推广

企业形象推广是指所有在企业内外进行的、以企业的名义开展的形象推广活动。这种形象推广也是传播的一种形式,它的特殊性在于消息发送者是一家企业,为了达到宣传的目的,企业肯定会把自己放在突出的位置。企业形象推广既可以在外界为企业树立名望,又可以在企业内部形成互动。

企业外部形象推广旨在树立企业形象、提升企业无形资产的价值、传达企业的意图和目标、与公众互动、与政府和主管部门沟通。企业外部形象推广可采取各种方式，如发布广告、发表媒体声明、公关建设、签订合同、开展宣传活动、公布活动报告以及发展客户关系等。企业外部形象推广主要参与者通常是管理部门、销售代表、客服人员、公关部门、财务部门和法律事务部门等。

企业内部形象推广旨在向员工解释企业决策，以使其从更广阔的视角认识本职工作，详细说明他们在企业中的角色和必须履行的职责。通常情况下，由企业领导、部门负责人和人力资源部门人员代表公司和企业内部利益开展该项活动。为保证效果，这种内部交流必须明白易懂、前后一致。

有一种特殊的企业形象推广是由股东来参与的。这种形象推广兼具内部和外部的特征。其内部性在于股东在企业内有投资，参与企业的战略决策，还可能是企业的员工；其外部性在于能够提升股东的亲和力和影响力，而且能够转让或购买更多的股票。针对这种企业形象推广，大多数国家都有法律规定，要求企业必须向股东提供与其相关的文件和报告。

互联网增强了企业与外部沟通的能力，使这种沟通由单向传播发展为双向合作。Web 2.0的使用改变了企业形象推广的途径。很多公司把互联网上的社交网站作为企业外部形象推广的渠道。它们在社交网站上开展企业活动，与潜在客户进行交流，还与目标市场直接互动。一些企业已经建立了企业社交网络，这使得企业内部形象推广的过程更加顺畅，方式更加多样，内容更加丰富，更富建设性，也使得员工之间的交流更加平等而透明。通过变革企业内部形象推广的风格，这些企业社交网络很可能会改变企业的管理方法。

企业可借助跨媒体传播的方法，在丰富多样的媒介设备上多方面地展示企业形象，以此来提高其知名度。

全方位传播

全方位传播是以信息为中心、全部营销策略、不同媒体间的变体应用和信息传播方式的统称。这种传媒方式与重点放在确定目标客户上的整合营销传播有所不同。

全方位传播模式的目的是使用一切可以利用的手段，尽量扩大信息的传播广度。此交流模式追求环绕式流通，利用各种渠道系统进行信息传播。利用全方位传播模式组织的营销活动，一般是社交网络模式和病毒式传播方式的结合体，以期在尽量大的范围内影响用户，所有这些都是希望能给用户全方位地留下该信息的印象。

在有些情况下，全方位传播的应用是将信息放入为不同媒体事先准备好的模板中，然后再进行传播。这种做法在投资相对有限的营销活动中较为常用。全方位传播模式除了会降低定位推广效果外，在信息生态系统中，对控制信息生命周期也能力有限，因此存在一定风险。

全方位传播模式最特别的一点，并不是此模式的运行方式，而是定义这个概念所选的术语。这一术语是概念可视化的呈现方式。而全方位传播的关键词正是信息的流通、辐射、循环和整体性，甚至还可以联想到像时针永不停息的转动。选择全方位传播并非为了突出形象，也不是单纯的描述，而是要为某产品树立品牌形象，进行它规划的产品市场的营销活动。

就这一话题，一些传播专家还提出了"通讯365天"的概念，用以反映以宣传时间、品牌口碑的持续性为中心的传播模式，这种模式中，即使宣传活动结束了，宣传者仍然对品牌官方博客等社交媒体进行管理和更新。从全方位传播衍生出了另一概念——通讯360℃，即由多种热门媒体组成的通讯模式。

传播、营销和广告领域的专业人士，要适应如今的信息迅速传播和扩大的局面，适应信息和信息传播之间的渠道多元化，应对广告领域中用户行为的变化，从而重新布局有新媒体和传播渠道参与的广告业。

全方位传播这一术语的应用，反映出了信息生态环境下上述因素的剧变，也显示了在新的环境之下，传播的跨媒体处理的重要性。

65

商标

商标是商家在竞争中为其产品或服务设计的便于消费者识别的标志。使用商标可以培养客户的忠诚度,同时会提升产品的品牌价值。

商标需要经过国家或国际权威机构注册后，才能受法律保护。商标的使用权只授予首个注册者，且在预期产品类别和区域范围内受法律保护。商标注册后，一旦有第三方非法注册，商标所有者就可以利用法律追回手段，捍卫自己的商标所有权。

作为商标的标志需满足以下要素，即以图形显示、易于辨认、符合法律规定、不对已存在的同类商标构成侵权问题。

商标所有者对所持商标拥有专用权，可在一类或多类特定的产品和服务领域中使用，也可在一个或多个指定地区和市场中使用。商标是对产品来源的保证，可让消费者与产品和其商标所有者（即商家）之间建立心理上的联系。而商标的良好信誉和形象，不仅得益于商家在广告发行和市场营销方面的投资，还源于长期对市场地位的巩固和消费者信心的培养。同时，商标形象还受到许多不可预见和控制的因素的影响和制约。

商标侵权行为包括伪造（即为误导消费者而蓄意模仿他人商标）、商标寄生（即蓄意与原商标所有者接近或纠缠），以期利用原所有者的劳动成果牟利和不公平竞争。

跨媒体应用使交互活动成为产品宣传的一部分，促进了商家与消费者之间的交互行为，增加了商标对消费者的吸引力。很多品牌都在社交网络里开设空间，与用户建立紧密的联系。用户可以对商标做出评论，还可以选出自己喜欢的商标推荐给自己的在线好友。

在互联网上保证商标的专用权并非易事，甚至可能会相当复杂，尤其是在使用搜索引擎时，维权难度会进一步加大。用户会将商标的名称作为关键字进行搜索，而搜索引擎的层级系统并不会将合法商标所有者的网站与其他网站进行区别处理。

搜索引擎为广告客户提供竞价排名服务，即由广告客户提供关键词，通过付费提高网站排名。有时，某一广告客户的关键词恰好是一个商标的名字，但此广告客户又不是商标所有者本人，此时，商标的良好吸引力为广告客户带来的收益是对商标所有者利益的变相侵害。在搜索引擎带来的关键词与商标名称的混淆中，利益受损者是商标持有人。在关键词的竞价压力下，被迫花高价保持自己品牌的高排名，而这种优先权，是商标所有者本可无须过多付出就能享有的。

66

商业赞助

商业赞助是赞助商以向受赞助者提供经济资助为手段的传播行为。作为回报,受赞助者将赞助商的品牌以各种方式进行综合宣传。

提 到商业赞助，人们会想到一些大型活动、社会事件、公众群体、媒体节目、体育团队等。有时会只有一个赞助公司的情况，而且此赞助商对该大型活动或事件的顺利进行和团队训练起到关键作用。此时，该大型活动或事件的名称中就很可能会出现该商业赞助公司的品牌名称，如法国 Transat AG2R 船队，红牛飞行大赛，Festina 自行车队等。

广告主要是将待售产品或服务信息以消息的形式广而告之，而商业赞助则更注重品牌的整体定位，这是商业赞助与商业广告的不同之处。而且，商业广告的周期一般较短，而商业赞助多为长期合同。商业赞助又不同于资助，资助完全是慈善行为。原则上讲，人们在进行资助时会比较慎重，有时可能会匿名资助。一些国家的法律规定，资助活动可以享受税收减免的优惠政策。

赞助商品牌必须与所赞助对象建立起充分的关联性，这样才能保证商业赞助活动的有效实施。在关联性方面，商业赞助对象必须符合品牌的原有涵义或为品牌加入新的涵义，如奢华、潮流、力量、大气、严肃、独创、科技领先等，并将这些涵义通过商业赞助活动传达给可能对该品牌产品或服务感兴趣的观众。

为了创建这种关联性并增强品牌的推广效果，不同媒体使用不同的商业赞助手段。比如，在互联网上，商业赞助常依托于视窗微件程序、网页样式、媒体播放器等形式开展。互联网商业赞助的宣传渠道与现有的广告渠道有所不同，有时还要根据商业赞助商的需要对宣传内容进行修改和调整。

智能电视互动性强，其内容又非常适于编辑，因而应作为开展商业赞助活动的主要平台。

在跨媒体品牌宣传中，商业赞助是行之有效的方法。商业赞助者可以通过投资跨媒体活动或跨媒体作品，使自己的品牌在关键时刻得以展示，从而达到宣传的目的。跨媒体中的商业赞助模式是跨媒体交流活动和跨媒体作品相结合的体现，这种结合的产物往往是原创作品。

67

社交网络

社交网络是一种虚拟空间，人们聚集在这里相互联系，交换信息和观点，分享不同形式的文件，如图片、视频、文本等。社交平台已成为人际互动不可或缺的媒介工具，也在以广告业和电子商务为基础的经济活动中扮演着重要角色。社交网络已经发展成为一种在虚拟经济体系中对客户的个人数据进行收集和处理的平台。

社交网络呈现的形式主要是不同类型的平台。这些平台以用户个体或文件分享为中心。社交网络的平台初级模式是以个人为中心、基于用户的社会和行业关系建立的，比如主打综合社交关系的脸书（Facebook®）和以行业关系为主的邻客音（LinkedIn®）。其次是以文件共享为主要目的的网络组织，用以分享音乐如聚友网（Myspace®）、视频如"优图比"（YouTube®）、图片如"发来看"（Flickr®），或微博、博客等用户自主发布平台上的信息和文本内容如"推特"（Twitter®）。

社交网络的架构基于用户身份间的关联性。用户可以利用平台提供的各种机会宣传自己的网络身份，这也是推销个人品牌的一种途径。劳务机构和公司的人力资源部门可以使用这些用户数据库来提前遴选职位候选人。

个人活动和职业活动都已离不开社交网络平台。在这些平台上有为数众多的数据库。这些数据库一旦使用不当，就可能引发诈骗、欺骗、窃取用户身份、滥用个人数据等非法行为。

用户必须对自己的个人数据加以管理，以控制和保护其网络身份，保证个人生活不受影响。在网络上广泛传播的信息有时并不可靠，也并非全合心意，有时甚至带有诽谤性质。

用户使用跨媒体技术，可以持续地在社交网络上更新自己的信息，并提示自己当前所在的位置。

社交网络的发展给人际关系尤其是友情带来了深刻变革。近距离相处和定期聚会以及书信往来已不再是增进友谊的必须之举。人们可以利用社交网络保持联系和寻找旧友，并通过参加大型活动、品位分享、远程视频通话、信息和文件共享等方式建立新的人际关系。

射频识别技术

　　射频识别技术是一种基于无线电波信号的无接触识别技术。射频识别标签由天线和与之相连的芯片组成,可使用适配的阅读器读取其中的信息。一些射频识别阅读器还可以在标签里写入数据。芯片和阅读器之间的射频通信是双向的。

射频识别技术能够很好地应用于识别、跟踪及其他辅助工作领域。这种技术有多种应用类型，应根据需要选择特定级别的频率和功能，以期达到更好的效果。应用于射频识别技术中的芯片具有体积小、容量大的特点，再加上此项技术识别范围广、通信速度快，人们对射频识别技术有很大兴趣。如果只为读取使用，在芯片内放置只读存储器（ROM）即可；如果还需要书写功能，就需要加入电子可擦写可编程的存储器（EEPROM）或随机存储器（RAM）。射频识别标签有两种供电方式：主动式和被动式。主动式标签由内置电池供电，被动式标签由阅读器在读卡时遥控供电。

射频识别技术可以准确地识别人、动物及其他物体。这种技术可用以获取信息、防盗、控制权限、确认通过终端进行的传输、定位（一般用于室内）、电子支付、向带有射频阅读器的对象传输信息等。

电子产品代码（EPC）是一种电子识别码。如果将其与射频识别技术结合，将可以给任何物品加上唯一的身份标识。这种识别方法可以用来对产品供应链、库存情况和供应分销商进行控制和管理，还可用于鉴定货源地和货物的真伪。

在牲畜跟踪方面，无线射频识别标签的应用率日益提高，用以确定牲畜的饲养地和饲养环境。射频识别标签还可用于为丢失的宠物找到主人。

通过射频识别技术对用户进行识别有可能会侵害个人信息的隐私权。例如，安装在护照或其他卡片里的射频芯片都有可能侵害用户匿名权，还有可能使泄露的个人信息被用于商业活动或日常社会生活中。如果全国各地能广泛地大量使用射频识别感应器或阅读器，这种技术就能实现高精确度的实时定位和身份识别。

69

视窗微件

视窗微件是一种简单的计算机应用程序，既可嵌入网页，也可作为电脑和其他设备桌面上的应用程序独立使用，嵌入网页的即网页微件，在桌面上使用的即桌面微件。一般来说，视窗微件的源代码比较简单，且可以导出。

视窗微件是图形用户界面中的核心组成部分。网页微件必须嵌入至网站的图形用户界面中，以便向用户提供交互信息。微件允许用户轻松定制由内容管理系统（CMS）或博客系统提供的功能。桌面微件则必须遵循不同媒介上的图形标准，即微件的图标和应用程序都要符合设备的规格，以便操作使用。

有些视窗微件只显示特定信息内容，比如时间、气象和财经市场信息等。根据网络营销需要，目前已经开发出功能更多的微件。这些微件可展示厂商的优势产品和服务，或提供一些简单服务，服务内容与厂商开展的营销活动有关。在内容可编辑的交互网站或商业网站上，网页微件还多用于链接其他网站，以促成合作、展示广告内容或在编辑类和商业网站上发挥社交媒体的功能。

视窗微件是推进应用简便化趋势的主导技术，同时能促成在线编辑内容的产生。微件这种简单的应用程序，能够轻松地应用于不同媒体，包括小屏幕移动设备。有些微件还可在离线设备上使用。另外，桌面微件占用的硬盘空间非常小。这些特性使得视窗微件能够大量应用于手机、电子书阅读器和平板电脑上，备受用户喜爱。

视窗微件凭借跨媒体的兼容能力，成为跨媒体活动的利器。微件可以用作不同移动设备之间的中介，确保跨媒体信息导航的连续性。

70

数据库

数据库是存储数据的集合,它根据创建者所设定的标准存储数据、提供索引并进行数据组织,目的是让用户根据需要能够快速访问其中的数据。规模较大的数据库会提供检索界面,方便用户使用。

数据电子化的发展促进了高级数据库结构的应用，人们得以快捷地访问相关数据。随着数据收集自动化和网站索引精度的提高，搜索引擎能够在不断更新的互联网信息中提供更丰富、准确的搜索结果。很多基于 Web 2.0 概念的数据库以信息共享平台形式出现。用户利用这些共享平台，借助操作简便的发布系统亲自参与数据搜集和索引编制。

每个数据库不仅要与库中数据的特定属性相符，还要和查询目的相适配。数据库管理系统用于搭建用户和数据库之间的界面。一般情况下，这些系统遵循 ANSI-SPARC① 三级模式结构。它们分别是内模式、概念模式和外模式。内模式是对系统存储数据的描述；概念模式是对数据库的数据结构、类型以及数据之间关联的定义；外模式是对用户体验的描述，允许不同用户访问数据库中不同部分的数据。欧洲一些国家的法律有针对数据库版权的特殊保护规定，数据库创建者有权限制对其数据库中部分或所有内容抽取和重新使用的行为。如果符合原创性等要求，数据结构也可以是知识产权或版权保护的对象。

一些国家还对特定类型数据的收集、存储和处理做出了法律规定。特定类型数据包括卫生保健信息、政治观点信息、一般个人信息、涉密职业信息等。对数据库存储和管理所采用的多源处理的新模式，可通过云计算服务来实现，这带来了新的、更严重的问题，它们集中表现在互操作性、责任划分、数据对外输出以及数据安全等方面。

跨媒体的结构以不同媒体组合为基础，这有助于实现数据收集的互补，同时也为数据库信息查询，尤其是移动查询提供了新的可能与全新的应用。但是，跨媒体应用也增加了数据库的复杂性。数据库的外部界面必须要进行调适，才能满足不同媒体的要求并使跨媒体信息查询的方法得以优化。

---

① ANSI 和 SPARC 分别是"美国国家标准协会"（American National Standards Institute）和"标准计划与需求委员会"（Standard Planning And Requirements Committee）的缩写。

71

数字权限管理系统

数字权限管理系统是用来管理和限制信息内容获得者对内容使用和复制权限的技术系统。其中的"内容"是指受知识产权保护的内容。

数字权限管理系统中有一系列由版权所有者事先指定的限制内容使用和传播的技术规范和手段，旨在防止侵犯版权的行为，维护版权所有者的自身权利。

数字权限管理系统可以通过限制阅读手段、所用媒体或使用地域等方法来限制内容使用权。该系统还可以利用技术手段，限制内容的复制、编码和传输，甚至可以在文件上添加水印，让人们更容易地清楚辨别文件的版权和来源。信息传播行业作为数字权限管理的具体实施者，应限制互联网上个体之间对受保护数据的交换传输。

数字权限管理为依法受知识产权保护的内容提供技术保护支持。除了在法律层面和技术层面的保护之外，一些国家的法律还规定了对版权维护技术系统本身的保护措施，特别是要对蓄意破解数字锁定系统的行为加以惩处。

还有一些数字权限管理锁定系统会阻止或限制私人复制。在很多国家的法律中，私人复制是不受版权条款制约的行为。为此，各界多有争论。

数字权限管理系统在多媒体应用的情况下也存在问题。从版权保护这一角度来看，用户不该将光盘里的文件复制到电脑上，或是把一份合法下载的文件从一种媒体复制到另一种媒体如便携式媒体播放器或手机上。

数据分离和内容锁定系统改变了内容的访问方式，也不免会限制跨媒体技术的应用。为解决这一问题，人们正在开发更复杂、更多元化的、能够允许内容在跨媒体系统中共同使用的数字权限管理系统。

对于内容的编辑者、设计者和传播者这三者而言，他们既是数字版权系统的建立者，又是内容的获利者，还依靠特定内容、媒体、数据压缩方式和阅读器等手段制定销售策略，直接或间接盈利。很多反不正当竞争法已经对一些此类不公平的商业销售策略加以限制和制裁。

数字身份

　　数字身份代表着交互式多媒体应用中的在线或离线用户。数字身份主要有两类。第一类是可识别的、用户个人身份的虚拟换位,尤以个人品牌为代表。第二类是用户的虚拟角色,该身份与其所代表的个人或群体完全不同。

第一类数字身份是现实世界的活动在虚拟世界的延伸，它可以从现实世界延伸至虚拟世界，也可以反向进行。它建立的基础是用户所提供信息的真实性和用户个人数据的安全性。这类相对较新的数字身份主要由脸书（Facebook®）、推特（Twitter®）、邻客音（LinkedIn®）和博客网站等推动。它催生了将用户主体作为品牌（个人品牌）进行管理的行为，甚至还可以将其委托传播公司来代理运作，以提升该用户的引用率（或转发率），比如一个品牌或公司。

第二类数字身份是在虚拟世界中创建并管理的一个身份，这个身份刻意与现实世界中的身份有所区别。这一类数字身份通常是以虚拟角色的形式存在，它尤其与在线或离线的电子游戏用户密切相关。这种想象的数字身份在角色扮演和多人网络游戏中最为典型。在游戏中，用户详细设定玩家的身份，有时还可以设计和塑造他所控制的虚拟角色。

第二类数字身份的另一种形式是博客小组，小组用户可以使用同一个化名来编辑管理某一博客。这种表达模式常常体现了相关的逻辑或者为那些艺术小组提供了一种原创的表达平台。如果用户想要使用已有的功能而又不希望通过实名认证，那么数字身份也可以匿名化。虚拟世界不透明的假象会让用户感觉更自由。但是，未经认证的用户身份至少是可以识别的。他们经常被某些互联网参与者识别，比如网络接入提供商、浏览软件、搜索引擎和社交网络等。

互联网参与者利用网络浏览器的缓存信息和监视软件分析用户的习惯并对其进行描写。用户的使用信息通常与IP地址、电子邮件地址或社交网络账户联系在一起。在互联网上很难避免信息泄露，但可以通过使用代理服务器、像洋葱头（Tor）这样的匿名软件、杀毒软件和监视软件屏蔽器等来降低信息泄露的几率。当然，由于云计算技术带来的数据"无边界化"和日常生活中媒体的交互操作（移动通信设备、具备识别模式的城市电子显示屏、交互产品等），用户会逐渐地失去管理和控制其数字身份的能力。

73

数字原住民

数字原住民是指那些在高科技环境下生长起来的、能够轻松掌握数字技术的人。

这一术语强调的是整代人的特质。这一代人在很小的时候就开始接触各种数字设备终端，并学习不同设备的功能和操作方式。家庭和学校环境是孩子学习行为的决定因素。数字原住民在其受教育的早期阶段以及开始探索自身周边环境时期就已紧跟科技潮流。在他们的日常生活和学校教育中，学习科技知识是其一系列学习活动的组成部分之一。

科技带给人们深刻复杂的世界观，以及看待自己和看待他人的观点和方式。对数字时代的人来说，由于与通信信息技术关系特殊，他们自然也受到科技的多方影响。因此，数字原住民会做电脑的主人，利用各种媒体，积极高效地与外界交流；他们是社交网络的主导人群，是创造信息和网络内容的主力军；他们可以驾轻就熟地同时使用多种数字媒体，擅长多任务处理，因此使用的媒体和发布的信息要比非数字原住民多。

在消费方面，数字原住民也有自己独特的需求，那就是要持续的、免费服务。他们还要求服务有互动性和协作功能。数字原住民注意力的持续方式也与其前辈不同。由于受到大量碎片化信息的影响，其注意力的集中方式自然是多向而非单一的。

这一代人完全接受并适应跨媒体概念。媒体的非线性化和混合化特征也正契合其消费习惯。利用跨媒体技术的编辑流程，数字原住民能够将可用内容与多平台灵活组合使用。数字原住民积极响应新型的出版和传媒习惯，并通过他们的实际参与促使其产生和发展，并帮助其走向成功。

数字原住民这一称谓是相对的。触控媒体和用户界面直观化的发展，为不同时代和年龄段的人群提供了更新、更广泛的科技使用方式。老年人同样成为互联网的重要消费群体，暂不论使用的熟练程度，但从普及程度来看，老年人与数字原住民之间的差距正在逐步缩短。

74 推介模式

从市场营销角度讲,推介模式是一种非常诱人的病毒式营销体系。

许多推介模式都是为了吸引公众或消费者而实施的。在互联网上，有两种最突出的推介模式：权限推介模式和销售推介模式。

由于网站内容多呈半开放状态，用户的访问权限往往受限。权限推介模式正是基于网站的这一本质特点。这种模式下，推介者的主要目的是为用户解除网站或网页内容的访问权限。对开源信息内容来说，权限推介模式具有诸多优点，以下两方面最为突出：其一，有利于提高用户对网站内容的认知；其二，有利于促进用户之间的交往。

在内容认知方面，权限推介模式会制造网站访问资源有限的错觉，进而激发访问者对该网站内容的好奇心和进一步访问的愿望。来自注册用户的推荐和肯定会在一定程度上为网站赢得用户的信任。

在社会交往方面，这种用户推荐模式在网站用户之间建立了新的联系。最终，网站可联合社交网络，推出用户互动机制。

与权限推介模式截然相反，销售推介模式的受益方是推介人。按照这样的理念，推介人获得的好处必须大于在受众筛选和信息发送方面的付出。和权限推介模式不同，销售推介模式的动机是服务于推介商。作为网站分销商，推介人是病毒式营销的推动者，其动机完全出于私利而且往往为金钱所驱动。销售推介模式多见于商品网站，除了用于在当前的客户群中推销商品之外，还向潜在的客户群推销特定的产品或服务。

销售推介模式不同于返现活动或折扣代码活动，因为这种模式主要围绕当前用户与潜在用户之间的关系而展开。在返现活动中，若客户在某购物网站上有消费行为，便可通过与该网站合作的返现网站获取占其消费额一定比例的现金返还。网站通过邮件直接发送折扣代码，这些邮箱地址是在注册时由用户提供或由合作网站分派。

销售推介模式大量应用于互联网上的付费浏览网站、网上银行、网游网站和团购网站等。

75

推送机制

推送机制是指在未经用户请求的情况下向用户发送信息的信息传播方式。使用信息推送机制前，用户往往需要事先为推送应用设置上行参数，确定愿意收到信息的类型。

多类媒体均支持信息推送机制。但为保证推送的有效性还需根据媒体特征对推送机制进行调整和适配。当前的计算机，有更高的配置，更大的屏幕，因此更加适合信息推送机制发挥作用。计算推送机制的持续性更强，内容更全面，消息送达时垃圾信息的干扰更少。而针对手机或平板电脑用户的推送就稍有区别，推送的内容要简洁但有吸引力，同时还要根据用户所处的地理位置判断其推送需求。

用户需编辑并输入推送参数，才能确保得到相关的具有附加值的信息内容和推送方式。将定位技术和推送机制相结合，能够把用户和他们所处的环境关联起来，从而增强推送方和用户的交互能力。

推送系统不仅在定制事件提醒或接受电子邮件等基础信息收取中十分有用，在依据用户地理位置进行复杂的信息传播或有针对性地发送广告时以及在与娱乐活动或大型活动相关的领域都备受人们青睐。

推送系统是超个性化广告传播的最佳承载媒体，由此发出的有效信息点能促使用户获取更多、更深层的信息，从而实现更大价值。

76

图形界面

　　图形界面的设计因媒体而异,这些媒体包括计算机、移动设备、平板电脑、电视、触控屏幕、城市电子显示屏等。这些图形界面的布局以所在设备的显示分辨率为基础。根据可用屏幕空间的大小,页面上的元素布局方式分为水平布局(如在计算机上)和垂直布局(如在移动设备屏幕和电子信息屏上)。

网页界面的布局要遵循一些原则。整个界面分为五个区。第一区位于网页应用中页面横幅的顶部，是关于网站编辑者公司的介绍。第二区是导航栏，以标签组的形式横向或纵向显示，通常位于信息主体显示区的左侧。导航栏中经常包含有搜索引擎，称为搜索栏。第三区显示的是网站的主体信息，通常将其置于页面中列，以突显其重要性。第四区又叫作右边列，显示主体信息之外的额外信息。此区强调网页元素的连贯性，会放置与主体信息有关的服务项目或广告。最后一区包含网站的树状结构图、使用条款以及网络管理员的联系方式等信息。

一个网站中，只有标题横幅和页脚部分会在所有页面上都显示。这两部分与用户会随时访问的所有关键元素相链接。

图形界面中也包括广告界面设计。广告可以突出或推广赞助商，能够把信息内容转化为经济利益，因此，界面设计往往基于广告形式。

触控屏幕为呈现信息内容和在互动类应用中提供信息导航带来了新的前景。触屏带来了全新的手势操作和用法，如横向滑动翻页、信息内容缩放、翻转和左右倾斜等操作。苹果公司已经为其在 iPhone® 和 iPad® 上开发的一些手势操作申请了触屏技术方面的专利。

当使用者在没有桌子等实体障碍物的情况下与屏幕近距离接触且用手操作时，触屏界面将是更好的选择。

运动感应器让人们无需通过物理接触而直接进行界面操作。这方面的设计需要引入新的人体工程学内容。语音识别技术为发展移动电话界面和其他带有话筒设备的界面带来了更多可能。

77

网络 2.0（Web 2.0）

网络 2.0（Web 2.0）是新一代互联网应用的统称。Web 2.0 以集体智慧为核心，遵循统一的信息出版标准，同时，将互联网应用与社交媒体、博客和协作平台联系起来。

Web 2.0这个概念由美国欧莱礼公司（O'Reilly Media®）首先提出并推广。据推测，当时提出这个概念是要在互联网泡沫破灭后，重振人们对数字经济的信心，也是向人们展示下一代互联网平台的前景。Web 2.0与Web 1.0并非相互独立，而是前者基于后者的发展。Web 2.0将互联网由封闭推向开放，让用户真正成为活跃的信息内容提供者。

Web 2.0这一术语被互联网业内人士和普通大众广泛使用，泛指所有新型网站及网站所能提供的各种交互与使用功能。基于Web 2.0的网站中，不再以网站单向发布的、编辑过的内容为主，而是大量以社交平台和博客为载体的用户的想法和评论。Web 2.0中的网站分为两类：一类是为数众多的小型网站和博客，这些网站访问人数很少，也不常更新；另一类是少量的"推荐网站"，与那些小型网站博客相链接。Web 2.0网站由谷歌（Google®）的专业互联网排名工具进行分析并排名。

将不同作者的想法和意见连接在一起，利用集体智慧创造信息内容，这是Web 2.0这个协作平台的主要目的之一。维基百科（Wikipedia®）是Web 2.0网站的典范。它利用集体智慧，让不同的人协力进行内容的创造。维基百科致力成为一部由读者编纂的、内容客观的世界大百科全书，现在它已发展成为一个巨大的知识聚合体。在维基百科中，人们可以参与讨论。该协作平台将作者的IP地址、笔名和真实姓氏相结合，以聚合的方式宏观呈现了人们的世界观，既反映大家的个人观点，也允许不同观点存在。维基百科就像博客网站一样，为作者、信息贡献者和评论者提供了个人页面模板，让人们可以互相访问。但由于信息来源众多，也会造成信息不一致的情况。Web 2.0这一术语影响很大，其中的"2.0"已为众多术语所借鉴，如宪法2.0（Constitution 2.0）、博物馆2.0（Museum 2.0）、企业2.0（Enterprise 2.0）、城市2.0（City 2.0）等。这种现象似乎反映了一种世界性的思维动向，即追求先进技术，将之用于协作创造，以满足社会需求。

跨媒体应用增强了互联网的活力。多媒体编辑工具的出现推动了Web 2.0贡献机制的发展。同时，在内容产出方面，由于集体智慧和协作创造方式的引入，加上手机应用和跨媒体技术的推广，网上的实时交互与现实世界得以联系起来。

78

网络共享

网络共享以互联网用户发布的内容为基础。共享所依托的站点可以是社交网络、网站、带有评论功能的博客或是分享和创建信息与知识的网络平台。

网络共享的分类原则有两个：互联网用户发布的内容和信息传播方式。

互联网用户发布和管理的内容形式多以主流媒体格式为主，有视频如视频分享网站"优图比"（YouTube®）和"每日影像"（Dailymotion®）、图片如在线照片存储网站"发来看"（Flickr®）、音乐如聚友网（Myspace®）、文本如在线百科全书——维基百科（Wikipedia®）。

参与网络信息共享的传播方式同样也是五花八门，可参与用户评论集成平台建设，也可参与用户共创知识平台的建设。但是，网络管理员或出版商与互联网用户之间的报告有着本质不同。此外，共享站点的建设可以朝着一定程度上有规划的编辑方向进行。还可以引入用户等级制度，这涉及用户参与、投票、内容贡献和共同建设等方面。

在Web 2.0环境下，共享意味着用户即使没有什么计算机语言知识，也可以在多种类型的站点上轻松表达自己的观点、参与创建内容或者发表评论。这种广泛的个体表达现象多体现在分享观点、对大量不同话题进行支持或评论等活动中。个体表达一直是电子商务、电子政务和数字化科研站点用来建立用户忠诚度的利器，现在也为不断发展的信息共享所用。

由于内容贡献者能够在社交网络上发表评论和见解，所以他们以数字身份承担的角色及其知名度非常重要。就建立个人品牌而言，内容贡献者知名度越高，被传播得越广，那么他们的数字身份价值就越大。

用户知名度的高低在很大程度上取决于其共享活动的参与度。参与度可通过上传内容的数量进行量化体现，还可以通过评定贡献的质量等级来管理。因此，用户投票可以确定商品或服务的知名度。这种方法也表现了贡献者的知名度。另一方面，贡献内容可能会经专业网络进行转载，这也证明此内容的附加值很高，而且还可以增强特定观点的可信度。

利用跨媒体共享，每个人都可以将自己的知识贡献出来，特别是源自个人经验和专业知识的技巧。适合各种载体的不同形式的表达方式，都会在交流共享过程中得以补充和完善。每个人都会根据自己掌握的文化背景和科学知识（通常因国家而异），建构有独特见解和阐述的知识网络。今后的跨媒体共享，依靠全球分布的高速网络，能够连接拥有不同科学文化的地域，增强地域互动性，增进交流和相互理解。

79

网络广告

网络广告是指通过互联网终端进行传输的电子广告。网络广告借助多媒体技术,形式多样,有网幅广告、弹出式广告、电子邮件广告、概念主题网页以及通过音乐和视频播放的音频视频广告等。

在网络广告领域，搜索引擎、社交平台、博客平台和协作平台等网络应用渠道扮演着特殊的角色，发挥着重要作用。借助搜索引擎和社交网络开展业务的广告公司重新调整了广告传播方法，它们利用用户个人数据，将广告送达目标客户。

网络广告的盈利方式有以下几种：显示逐次收费、点击逐次收费、推送信息逐条收费或根据推广规模按比例收费。网络广告经济利用互联网上的用户兴趣跟踪工具，能够准确追踪每个网站的访问量、访问时间以及将访问者引导至本网站的链接等数据。

网络广告以互联网的网络结构为基础，现在又加以 Web 2.0 所支持的互动共享的应用。得益于这种新的信息传播结构，网络广告能够以类似病毒扩散的方式进行传播，其传播渠道可以是社交网络上的文章、博客文章或群发的电子邮件。一些国家的法律规定，广告发布者发送营销邮件需要事先征得收件人的许可，也必须应收件人的要求随时停止对其传播推销的电子邮件。

网络广告商正迅速将业务范围推进至智能手机、平板电脑、电子阅读器和网络电视等新兴媒体。传统的广告传播渠道虽然可以在网络时代使用，但其自身也需要改进营销方法和模式，以适应现在还不很稳定的混合媒体广告市场。通过对用户 IP 地址信息进行处理来确定消费者情况的方法，很适合在新兴媒体上优化市场定位营销。

通过移动媒体进行定位，该技术的应用将大大改变互联网广告模式，从而满足用户在移动情况下的即时需求。因此，将广告推送至网络用户移动终端的效果十分显著。

网页设计

网页设计是网络设计的子概念,专指为网站界面和门户创造语义结构的过程。网页设计的两大要素是视觉设计和人体工程学。

视觉设计可反映网站发布者的身份，产生特定视觉效果，突显不同公司、公共团体或个人博客等各自的风格。人体工程学知识用以组织屏幕上显示的信息和功能。如今某些网页设计惯例已成为行业的参考样本，如搜索框常被置于页面顶部的标题处，这样更为直观，便于用户使用。

网页设计规定了页面中不同媒体的视觉样式，这些媒体包括文本、图片、视频、动画、三维图像等。视觉设计严格规定了设计者需要遵从的页面图形标准，这些标准确立了元素的使用规范，如徽标的使用、正文文本的样式、标题的样式（大小写、字号和颜色）、使用的颜色及其相对应的RGB值、按钮形状、文本框和广告条幅的形状（方形、圆形或圆角形等）等。

网页设计决定页面布局，即如何将一个页面划分成多个特定部分。这与人体工程学相关。人体工程学知识可用于确定不同网站内容和功能在页面中所处的位置，利用互补性设计原则确保网页的最佳使用效果和工作效率。页面内容的功能和各类信息所处的位置，取决于这些元素对于网站发布者的重要程度。

起初，由于我们的阅读习惯基本上是从上至下，人们普遍认为关键的信息和功能都应置于界面顶部。这样一来，处于页面上方的元素一般要比下方的元素更加重要。网页的页面方向在绝大多数情况下是纵向而非横向。但随着电子阅读器、平板电脑和手机等触屏设备的普及，水平翻页慢慢流行，从而使横向页面阅读成为一种新的阅读方式。

网页设计受到特定传播媒体的技术限制，这影响着网页的人性化程度和使用难度。设计者的设计方案将适用于不同语言、不同终端以及便携程度不同的设备，最终以多媒体最佳视觉效果的方式呈现出来。

数据的动态管理设计标准基于功能要求。这种标准在博客和内容管理系统中得到充分体现，二者都提供预置的图形模板供用户使用。

网页设计也可以作为网站发布者自身信用的证明。如果网站的设计从始至终遵从视觉设计说明，它将在视觉上为网站发布机构的信用和权威加分。网站视觉样式的应用可以影响用户对网站内容的态度——信任、反感还是彻底不再接触这些信息。网页设计者的任务就是通过特定媒体，将需要传播的信息以用户最容易接受的方式传递出去。

网站平面设计

平面设计是指按照相关特征属性、形式化呈现界面的方式。网络包装设计基于企业风格指南,而这种指南是此公司所有传播工具的设计参考。

网站平面设计是网站中传播形式选择的重新呈现，而非结构选择的体现。网站平面设计能为网站创造出识别作用强的身份标签，或者通过使用已有视觉标志来宣传某一品牌。

图形界面可完全按照广告逻辑进行设计。其设计可与某项活动如电影上映、产品发布、节日庆祝等相关，所以在图形界面呈现相对较短的一段时间。而网站平面设计也可能因与赞助商有关会长期甚至永久应用。

某一品牌的相关宣传出现在网站并为其开辟的可编型网页部分中，该部分会采用赞助商所选用的设计风格。还有一些网站则可以是专门为了宣传某一品牌而建。

一些具有可编辑型内容的网站或平台中还可使用关联广告。在这种情况下，可在设计中加入指向赞助商家网站的链接，以鼓励消费。设计和人体工程学方面的思考是优质界面产生的两个关键要素。

网页设计受流行趋势影响，但也基于一些惯有因素，如字体的清晰易读。网页设计会设置一些特定功能和模块，以增强商业逻辑的吸引力，并可让特定的广告设计适用于标准平台。博客平台和内容管理系统（CMS）就可提供一系列可用于内容订制的功能和模块。

跨媒体传播要求保持传播的延续性，因而设计的一致性对其来说至关重要。通过跨媒体设计，可让交流传播模式适用于各种设备载体。

82

文件

  文件是以特定格式呈现的、统一的数据群组。文件内的数据种类可以是文本、音频、图片或音视频等。

计算机的出现，颠覆了文件的传统概念，使之由实物存在变为电子数据。".doc"是最常见的电子文件扩展名，此外还有各类文件类型，数量众多。各类电子文件都有其特定的文件格式，这就可能带来格式兼容性的问题。

数字文件的使用减少了文件存储的工作量，并降低了空间要求。人们利用互联网和局域网，可以快速便捷地进行电子文件的传输。以后我们看到的文件可能只是计算机中的存储单位，或以共享的形式存储为数据和信息。

电子文件必须遵守严格的版式规则，才能实现人机可读。遵守规则的目的还不限于此。数据建模在语义上对版式规则也有影响，而对数据分类同样至关重要。文件的根本目的就是将信息条理化地呈现给读者。因此，组成电子文件的数据大多支持高质量索引的建立，如根据文件标题或作者生成的索引。这样一来，人们就能在海量文件数据库中快速查找到所需文件。

人们将交互式系统用于电子文件中，从而又变革了内容的呈现方式。电子文件突破了传统文件自始至终线性化显示的限制，让读者能够更加自由地查看文件内容。

由于界面统一性的需要，多媒体作品可能只由一个文件组成。而跨媒体作品则与之不同，它除了保持不同载体上某一相同文件格式这一特殊形式外，都是由多个明显不同的文件所构成的。因此，文件格式兼容性问题就成了跨媒体传播和信息交流过程中突出的限制因素。

83

协作平台

协作平台指的是一种可以发表评论的网站,它通过编辑活动有效整合互联网用户提供的信息,以创造出增值的内容。协作平台体现了 Web 2.0 的特色。

让互联网用户充分参与协作平台的创建，这是协作平台的鲜明特色。协作平台的内容受到平台模板及协作条款的制约。这些收集信息和构建内容的全新途径为网站提供了独特的编辑视角。

协作平台是一个群体为了共建知识体系而有效协作的结果。其被接受程度直接影响到这些新型方式的推广。互联网用户对协作平台的贡献可以是个体的、可个体化的或众人分摊的。在个体的或可个体化的情况下，贡献者利用他们的社交网络，通过自我推销的方式，鼓励互联网用户群体参与平台的建设。在众人分摊的情况下，个体对协作平台的贡献被合并在一项集体作品之中，或者无法从整件作品中分解出来。在这种情况下，该创作经常被描述为集体智慧。

有些参与者可能藉匿名之便散播恶意言论，这使得信息产品全文上下不一、前后相悖。无法从整件作品中分解出来的个体贡献也可能会有违编辑初衷，因为添加主观性的信息并不能创造客观性。

用户所贡献的内容类型、针对协作者的索引文件条款以及平台管理和调整的一致性都会影响到协作平台的质量。

有些协作平台的信息构建模式很新颖，其主体文本内容源于由不同协作用户提供的信息，例如维基百科（Wikipedia®）。其中的协作信息要遵守最初的知识共享（Creative Commons）许可协议。通常情况下，除数据库的编制者之外，普通用户无法更改协作平台的编排结构。

有些协作平台并不完全依靠收集信息来构建内容。其收集的信息被整合在一起，并最终实现与网络用户的互动。这些协作平台，以最初的编辑内容为框架，在用户的协作下进一步发展和完善。此时，协作信息可能仅限于网络用户的投票，然后统计相关的数据。不过，互联网用户可以参与得更多，比如在不直接改动内容的情况下向网站建议改动内容、提供文本、视频、相关事件的信息或发布索引编排过的评论。

84

信息

信息泛指一组经编码后以各种形式出现的数据。人们可以存储信息、处理信息、传播信息、保护信息或赋予其一定价值。

信息由其承载形式决定，其属性并非中立，而有赖于其产生环境，其来源也是主观的而非客观的。因此，确定信息来源便可以验证信息的真伪，还能了解信息的背景，以便更好地进行信息解码。信息来源的重要性随着可用信息量的增大而提高。

信息来源的扩大化和多样化是信息时代的特点，因此处理海量信息时要根据不同层次对信息进行分类。在当前的信息时代，信息快速膨胀，这一现象使确认信息来源变得十分重要。

搜索引擎是用于确认信息来源的最高级的形式。搜索引擎对信息进行引导，并根据特定标准如相关性、访问数量、语言等对信息的重要性进行排序。搜索引擎还影响了信息的形式，因为只有符合规范的信息才能被搜索引擎收录，之后才能被人们检索到。

信息访问权限对于制约信息膨胀有战略意义。保护信息有两种手段，一是法律手段，常见形式为带有保密条款的合同；二是技术手段，如识别系统等。通过掌握特定信息可以获得竞争优势，这已成为人们的共识。如商业情报这一类行业就很重视利用信息链中的相关机制达到信息选择的最优化。

人们也可通过一些法律机制保护其他类型的敏感信息，比如个人数据。用户可能无法阻止收集个人信息的行为，但对这些信息的过多处理却又可能会违背用户意愿。经处理的个人数据能够提供与用户消费习惯相关的具体线索，用于商业用途。

通常，不同信息传播方式的信息分类体系也不同。因此，通过大众传媒传播的信息与通过互联网分享的信息在结构上常有不同。跨媒体策略正是在不同媒体各自信息形式的互补性上做文章。

85
信息生态系统

信息生态系统是供信息流通的动态环境,人们在其中对信息进行接收、讨论和转化。

科学技术日新月异，人们的信息生态环境也因此而不断改变。信息所产生的影响始终因其使用方式而异，比如信息传播的条件和媒体的选择。

社交平台和协作网络的出现，将非编辑性内容引进来，从而大大改变了信息生态系统。

新的生态系统包含所有类型的内容，从人们搜索最多的书评，到最简洁的新闻报道，无所不包。信息行业人士必须根据需要，调整信息传播方法来适应和留住读者。他们必须完善工作方式，努力使自己从技术同行中脱颖而出。

新闻机构也必须努力让自己走在行业前头，从扩大追踪信息来源、提高可靠性和明确度等方面入手，增强内容的获取渠道；同时加快在线信息系统尤其以推特（Twitter®）微博客和专业信息聚合订阅为重点的新闻传播速度，以保证服务的投入物有所值。

信息的传播及其获取方式已完全改变。在信息爆炸时代，获取和选择信息更依赖于搜索引擎返回的结果，而非内容编辑方的可信度。就信息传播而言，信息传输流程并不明显。人们对信息进行讨论、修改、引用或链接。

互联网所提供的实际上是国际化信息，为数不多的几个影响信息全球共享的因素之一就是语言障碍。但这一障碍也已随着语言工具的完善而显得不再那么突出了。以谷歌语言工具（Google Language Tools）为例，使用此工具，用户可以用自己的母语进行搜索，工具会将搜索结果中其他语言的内容锁定，并译成用户的语言而供用户阅读。实时翻译软件和"谷歌在线翻译"（Google Translate）等软件与语音识别技术相结合，可以将信息生态系统中分享的可能性提高十倍，并能为传播手段带来深刻的变革。

跨媒体技术通过建立非线性的信息访问方式，使内容在多种联合界面中流通，改变了信息生态系统的模式。很多媒体渠道都运营有参与式信息生态系统，跨媒体可以利用这些系统促进可编辑内容的增长。

互联网电视的出现将会对信息传播渠道产生深刻影响。互联网电视界面简洁、提供引导式信息访问方式，且传播的信息中有内容方面的链接。在此新生态系统中，媒体为信息内容服务，依内容需要而变，由此优化评论的有效性，并将每部分内容与对应的广告和相关服务结合起来。

86

虚拟

　　虚拟是非实体事物的一种呈现方式,一般具备无形、潜在以及需要实化等特征。

与新兴信息通信技术相关的虚拟具有特定的表现形式。界面决定着个人与虚拟世界的关系。用户通过界面沉浸于虚拟世界的程度越深，他们与虚拟世界的联系就越紧密。虚拟技术有效应用于三维成像、实时电脑成像技术、全息摄像装置以及实境加强技术等。

虚拟体验的呈现形式多种多样，并且在职场、教育、娱乐、社会和文化等方面的活动中日益盛行。众多行业开始使用虚拟技术进行培训，如应用情景模拟。

在教育领域，远程视频通话、严肃游戏和模拟训练的使用越来越普遍，从而在一定程度上促进人们的自主学习。

视频游戏的核心技术就是虚拟技术。沉浸式系统（参看"沉浸"条）的改善使游戏中呈现的虚拟世界更有真实感。模拟社会组织的虚拟社交平台介于对真实的社会关系的完全复制和视频游戏之间。

在文化遗产领域，虚拟这一概念经常被专业与科学人士使用，而且也可用以帮助游客获取信息。例如，科学家可使用虚拟技术来模拟某种假设。在完全地下或半地下遗址展开工作的考古学家，可以使用三维图像呈现遗址的某些缺失成分，从而对整个遗址进行虚拟重构，并验证他们提出的、关于该遗址概貌的假设。之后，有关这一虚拟遗址的模型便可展现给公众。这样，游客仿佛身临遗址之中，从而更好地了解所展示的文物。

通过扩增实境项目，跨媒体技术有助于利用虚拟手段来寻址，即寻找城市中的某处地点，特别是探寻历史古迹和文物。

87

虚拟角色

　　虚拟角色是个体或个体行动团队用以表现不同于现实的一种方法。虚拟角色触发了四个维度的想象：自我变化，设计人生，无所不能的感觉和无所不在的能力。

虚拟角色有趣味性和匿名性两类。他们通常使用假名而非本名。第一个社交网络就是采用虚拟角色注册的方式,避免他人知晓参与者在真实社会中的地位及各种信息。之后是脸书(Facebook®)真正将这种方式推广扩大,成为主导概念。

虚拟角色起源于网络视频游戏文化,尤其是大型多人在线角色扮演游戏(MMORPG)。视频游戏中的虚拟角色都大不相同,但与玩家的虚拟身份保持一致。玩家可以区别于他人,并通过虚拟身份展现其特性和在游戏中的进程。

虚拟身份可通过两种方法显示:一种是整体显示在屏幕上,另一种是玩家以第一人称视角显示,即玩家可看到虚拟身份看到的事物。玩家可随游戏进程,根据需要切换这两种显示方法。

虚拟角色一般都经过精心编写制作,其动作都是根据对玩家行为的精准预测而设计的。通常,虚拟角色体现了体能、智慧或魔力等方面的力量,这些力量依游戏环境而定。有些游戏中的角色属性力图与正常人的能力相仿,例如"侠盗飞车"(Grand Theft Auto®)中的人物。另外,玩家还可选择更为模糊的角色,如虚假身份,使虚拟角色具有了伪装的作用。一些游戏通过突出显示虚拟角色的方式,强调角色的重要性。例如,在游戏"刺客信条"(Assassin's Creed®)中,玩家的虚拟角色返回过去,表现另一个角色,这样的设计为了强调玩家可以到处存在而且能够穿越时空。

即使玩家并没有坐在电脑前,虚拟角色在"永恒世界"中依然可以被动存在。甚至有时该角色还可以通过机器人程序主动存在。

虚拟角色市场的出现可以使玩家在该市场中出售具有一定经验值的角色。购买者可以通过购买和使用这些角色,缩短游戏中的重复活动,以更高级的角色获得更好的游戏体验。

虚拟角色不仅指玩家的形象方面,如他或她的可视化代表,经验等级或装备等,更是玩家能力的具体体现。同时虚拟角色还可以与其他玩家建立关系,如行会、部落等,并参与到游戏的博弈之中。

跨媒体用户的体验,要求在不同媒体间,虚拟角色的出现具有一定的连贯性。

88

虚拟设计

　　虚拟设计是指虚拟语义的开发。虚拟语义从人体工程学理念出发，在用于信息查询及传播的新型媒体上有效呈现信息内容，从而改进用户获取信息的方式。

虚拟设计旨在通过指导用户行为来最大限度地优化虚拟对象的潜能。虚拟设计为基于互联网的公司提供专门技术，为它们提供非物质内容、信息流并帮助它们进行虚拟形式的信息交流。

虚拟设计自身一直在不断重构与变化。这是相关技术不断发展的结果。其中，特别值得一提的是已被广泛应用的高带宽技术，它具有轻便、实用的特点。协作式网络、电子商务门户网站、全方位传播策略和跨媒体技术均对效率问题有较高的要求。虚拟设计能够满足它们在这方面的要求。各种媒体的不断融合发展也是这些变化的诱因。书籍、音视频资源和计算机是专业知识的三大来源。一开始它们互不兼容，相互冲突，之后才有效互补，形成合力。

随着用户对信息技术和信息虚拟化的不断适应，虚拟设计也在不断进步。虚拟设计方案应满足用户检索或查询信息时的新需求，并形成用户反馈机制。

虚拟设计已经相当成熟。网站、搜索引擎和应用程序的最新语义设计都实现了实实在在的质的飞跃，几乎满足了用户在审美、相关性和技术充分性这三方面的使用需求。

在虚拟设计中，视觉愉悦很重要，其标准就是好懂易用。它要求虚拟设计要与可预测的用户行为高度吻合，提供好懂易用的图像操作。

在虚拟设计中，数据处理至关重要。这也充分表明，另一种文化已经开始形成，即交互屏幕不再只是一个占有一定空间的平面部件，而且有潜力发展成为具有一定深度的分类浏览器。

虚拟设计的界面是用户第一眼所见并要理解的视觉画面，它呈现信息内容的组织结构并提供虚拟语义。

序列性

序列性是指用于组织信息语篇结构的规则。序列性与所具有的时效性的动态信息传播形式有关,如文学作品、视听作品和音乐作品等。换言之,那些因时效性而产生意义的传播形式都涉及序列性。

相对而言，序列性这一概念却不太适用于绘画、摄影、雕塑或建筑等领域，因为这些领域侧重空间表现力，以传播静态信息为主。

不考虑其时效性和动态性，信息的序列性按两条轴线展开，即内部组织和外部组织。内部组织是指信息内容的序列组合，涉及意义单位即"最小语义段"的选取；外部组织是指语篇构建，涉及这些信息片段即"独立语义段"的整体布局。

在文学语篇中，选词是第一条轴线，即纵向聚合关系轴。造句是第二条轴线，即横向句法关系轴。

在图像语篇中，由于很难再将最小语义段简化为独立的功能部件，这两条轴线的结构就变得更加复杂。单独的图像对应文学语篇中的短语而非单词，其本身就已经是一个复杂的语篇段。

如此，在视听格式中，一个镜头片段就是一系列影片片段的最小单位，即"最小语义段"。首先，一个镜头片段要选择模式，然后在与该记录模式保持一致的情况下，选择摄影机的运动方式、焦距长度或灯光。最后，对该镜头片段进行剪辑与筛选。形成"最小语义段"的这三大步骤构成了视听语篇纵聚合轴上的序列性。

第二条轴线反映词组单位间的关系，其中包括镜头片段的编辑和布局。其目的在于创造一个独立语义段、一个片段或一个独立的叙述单位。

这些独立语义段最终被剪辑、拼接成一个最大的片段，即一部电影或一个语篇。因此，一段线性图像语篇的结构如下：最大的片段，即电影；其次，独立语义段，即短片；最后，最小语义段，即镜头片段。

在跨媒体技术领域，更具体地说，在互动视听领域，序列性直接影响到信息受众的非线性和非连续性阅读。每个片段自身都是一个语义单位。这些片段应保证其内容明白易懂，观众可以彻底地接收并且准确无误地理解。

90

叙事

　　叙事是由一组事件、陈述和段落组织起来的叙述体系。叙事的内容既可以是故事也可以是话语。叙事要有三大要素：历史、内容和措辞。如果叙事的内容唤起了某种现实的记忆，我们可以说这就是历史。包括发生过的事件和经历这些事件的人物。这些事件或人物可以虚构，也可以是真实的，这就是内容。而内容的组织是通过措辞来完成的。

叙

事由多个小部件组成,这些小部件可以分为两类:其一是功能部件。

按照信息分布方式,该功能部件的作用在叙事过程的后期才会显现出来。它是一种补充和呈现结果的手段,是用短语来表达的。这些功能部件不可缺少,否则故事情节会发生改变,因为是它们把故事串在一起。其二是索引或"存在"部件。它是综合性的,其影响要在更高层次上显现出来,即在叙事情节或实际叙事过程中呈现。叙事的功能索引是纵向聚合的。

作为一个体系,叙事可分为三个层次:功能、情节和过程。这三个层次通过逐步融合而紧密联系起来。

有些叙事的功能性很强(如民间故事、神话传说),而另一些则标记性很强(如心理小说)。在信息传递的组织结构中,基本部件是一小组功能片段。按照这样的结构来划分,有些功能性叙述就很容易分类。

功能部件以及那些片段被用于第二层次,以确保叙事的话语衔接。这是叙事的情节层次,所有与社会或自然环境相关的人类活动都在该层次中展现,而且还涉及与社会或自然环境有关的叙事人物。在叙事过程中,情节是那些功能部件的基础,它能够驱使功能部件朝着特定的方向发展。

过程是叙事的第三个层次,它由叙事符号构成。符号是在叙事信息传播中重新组合功能部件和情节的关键字,而叙事传播则由叙事者和接收者来完成。

作为自然语言模式,话语总是由参与叙事的某个人创造的。但叙事不同于话语,因为前者是一种模仿,是对真实或虚构情节的再现,超越了作者本人及其声音。这种叙事是重述。在叙事中,叙事者不一定是作者。口头文学中有许多作者不详的故事,比如很多神话传说或民间故事,但这些作品不乏叙事者。就叙事者及其行为而言,叙事总是相对独立的。

传统信息媒体(文学或电影)的阐述过程总是保持着线性特点,而叙事的陈述则很容易有多维度发展的倾向。经跨媒体应用的检验,我们明确了有关叙事的两个问题:由于跨媒体的种种非线性化特点,它能适应内容陈述内在的多维性,可以让受众在叙事的主要功能和索引功能之间更流畅地切换。跨媒体技术在内容陈述方面提供了非线性化的可能,它允许新叙事手段和新话语模式的出现。从本质上讲,跨媒体叙事的创新之处就体现在这最后一点上。

91

严肃游戏

严肃游戏是指不以娱乐为主，而是以教学、医疗、习惯培养、信息传达、广告等为目的，为游戏者提供趣味性虚拟体验的游戏。

严肃游戏形式多样，常见的有电子游戏、桌游、角色扮演、培训课程等等。严肃游戏多为电子游戏，原因是在虚拟环境中完全可以模拟不同的游戏模式和场景。在严肃游戏中，在线身份对于游戏者十分重要，游戏者可以依据身份创造自己的虚拟人物形象。虚拟人物形象与真实游戏者的相似程度也很重要，它通常会影响游戏者与严肃游戏之间的关系。

开发者将游戏作为传递意义的媒介。游戏模式的选择不仅会大大影响游戏所含信息的范围，还会影响游戏者接受这些信息的方式。模拟类游戏所产生的影响不同于冒险类或策略类游戏。因而模拟类游戏可以在学习的准备阶段，特别是在学习某种技能时使用。策略类游戏适合于历史课教学或管理技巧教学。持续时间较长的角色扮演类游戏可用于社会整合或医疗处理。发布产品时，可以将冒险类游戏作为宣传活动中的一个环节，让客户通过玩游戏熟悉产品，或通过其中的音像效果，让游戏者将虚拟人物当作自己，从而拉近游戏者与产品之间的关系。

严肃游戏可以整合到跨媒体作品和跨媒体传播活动中去。用户可通过严肃游戏积极与跨媒体作品互动，以达到亲身体验跨媒体作品的效果。严肃游戏能使人们更直接地参与进来。游戏者的交互式体验基于该游戏的主题和规则，在体验过程中会有个性化的交互信息和内容。游戏者为了不断前进和升级，需在游戏中遵守各种规则，所以能够接受大量潜移默化的行为训练。相比其他没有设计交互环节的音像产品，严肃游戏的优势和重要性不言而喻。

以模拟类游戏为代表的严肃游戏还可利用新兴的沉浸技术（参看"沉浸"条）、3D技术和动作感应器，以提高游戏的真实性，同时使训练效果更好，效率更高。

衍生商品

在营销体系中,衍生商品是指由名人作品、著名影视作品中的特殊形象等所衍生出的、具有商业价值的副产品。衍生商品一方面可以进一步推广原创作品、培养粉丝的忠诚度,一方面又可以从中获取原创作品以外的经济利益。

衍生商品与互补型跨媒体产品不同，其商业价值来源于与其相关的原创作品。互补型跨媒体产品则更多地依赖于不同组成要素之间的互补关系，而不是副产品与主产品的关系。再者，互补型跨媒体产品的设计理念是尽量将每个元素都融合到一个优势互补、相互作用的动态体系中，这一点又与衍生商品不同。

衍生商品的形式多种多样，如小雕像、纸牌游戏、漫画、水杯、T恤衫等。它们以作品外的物件为载体，再现原作的精髓，并以此来推广该作品，或创造新的价值。这种定位看来似乎否定了衍生商品的原创性，但事实并非如此。原作品元素在衍生商品中的再现程度各异，有时只是简单地将原作品的相关图像染印在新的媒介上（如水杯、T恤衫等），有时则由原作品的相关元素改编而来（如纸牌、漫画等）。作品原创人可通过权限转让合同或使用许可协议将其衍生商品的开发权转让给第三方。

电子游戏同时具有三种身份：主要产品、衍生商品或整合了不同元素的跨媒体产品。长期以来，它们一直被看作是影视作品的一种衍生商品。然而，随着一些电子游戏如"魔兽争霸"（Warcraft®）在市场上屡获成功，电子游戏的身份开始从衍生商品向主要产品逆向发展。这一动态走向的结果是电子游戏成为了主要产品，而相关的纸牌游戏、书籍、桌面游戏、T恤衫等则成为电子游戏的副产品。在跨媒体协同理念的指导下，新型电子游戏不再像以往那样与原作之间只保持简单的依赖与被依赖的关系，如趣味性益智电子游戏、以授予知识及模拟训练等为主要内容的严肃游戏、利用广播技术同步显示的联机游戏等。应用了跨媒体技术的电子游戏现正逐渐摆脱线性顺序的套路。玩家也已加入电子游戏的创作过程，这使得他们更加积极主动。

如今，在交互产品不断涌现的情况下，高端衍生商品和整合型跨媒体产品很有可能会突破彼此的界限，进一步融合。

93

移动性

电信领域内的移动性是指通信外围设备所具有的、让用户在位置改变的情况下,仍能持续通信活动的特性。

移动信息技术和通信外围设备的进步主要表现在以下四个方面：微型化、自主化、互联化和多功能化。作为补充技术的触控技术很好地适应了可移动性，它使得用户得以摆脱对键盘的依赖，也使得人体工程学设计趋于简单化、直观化。

移动远程通信媒体主要包括：手机、笔记本电脑、掌上电脑（PDA）和触控平板电脑。最新一代的手机也叫智能手机，其功能已不仅仅局限于传统的语音通话或收发短信。智能手机拥有功能强大的硬件设备和操作系统，再配上高速网络（3G+网络、Wi-Fi等），能够为用户提供简化版的典型电脑功能，如应用程序等。这使得智能手机更像是具有更强通信功能的个人数字助理。和手机不同，笔记本电脑与台式机有着相同的配置标准，它们更加注重工作实用性。笔记本电脑主要使用无线网络（Wi-Fi）和3G移动网络。触控平板电脑是笔记本电脑和智能手机相结合的产物，其最佳用途还未完全确定。除了和电子阅读器相似的界面之外，触控平板电脑还具有多媒体功能和更强的通信功能。

移动性确保了多种远程通信方式的连续性，也因此深刻地影响了社会和职业关系。人们必须随时准备接收信息并几乎同时做出反应。移动性正朝着外围设备的极端个性化方向发展，这极大地延伸了个人移动通信。这些移动外围设备是对付费电话和网吧电脑的全新突破。作为移动通信设备的前身，付费电话和网吧电脑只能维持短暂的通信活动，且无任何个性化可言。然而，尖端云计算服务在不断发展，新的技术结合也会随之出现。

借助移动通信信息技术，人们可以充分利用随身携带的通信工具来加强自身与现实世界的联系。如果和定位技术相结合，移动设备可以为用户提供周围环境数字化的信息，从而用户可以借助信息推送技术来接收相关信息。这种为个体用户提供移动定位的信息服务也会有较大风险，会涉及并非用户自愿的个人具体数据的收集、处理和使用。为用户提供周围环境数字化信息也可以通过其他更为灵活、可控的方式实现，比如使用二维码，用户可以通过拍照的方式来读取其中的信息。

94

用户个人信息

用户个人信息是一系列用以识别用户网络身份的信息,通过分析用户个人信息可以预测网络用户的某些活动。

除IP地址信息之外，网络用户还可主动创建用户个人信息，使网络服务供应商及其他部分或全部网络用户能够识别其网络身份，从而增加个性化定制服务。用户个人信息可以只是用户的网名，但是通常会附有说明个人基本状况，如姓名、性别、年龄等的信息，或者至少包含用户的电子邮箱地址。用户在社交网站上注册或免费试用某些应用服务时，经常需要创建含有大量私人信息的用户个人信息文件。社交网站运营商或应用服务提供商经常在用户并不知情或没有征得用户同意的情况下，获取与用户网络活动有关的私人数据。通常情况下，网站使用一种缓存文件（cookies）和网络跟踪软件（trackers）来搜集用于创建用户个人信息文件的数据。

用户个人信息主要有两大类，即认证信息和行为信息。

当用户的个人信息用于认证程序（如电子签名）以及网络交易安全防护时，用户和服务提供商的利益通常是一致的。例如，用户有时可以通过电子签名或向信息认证方发送网银交易确认口令（包括网银卡上的安全码和发送到绑定手机上的安全码）来实现网上支付。在这种情况下，个人信息拥有者和要求认证的一方都力求防止用户身份信息被盗用。

用户的行为信息取自其上网痕迹，未必由用户自主创建。这些信息涉及用户的基本状况、兴趣爱好、行为特点、消费习惯等具体内容。借助这些详尽的用户信息，广告商可打造出符合消费者自身特点的个性化广告。除了帮助商家在推销某类产品时把握用户的消费倾向之外，用户行为信息还可用以预测用户的其他消费行为。个性化的商品营销信息说服力更强，有利于刺激和巩固客户的忠诚度。

个性化的内容和服务可有效节省用户的时间。因此，网络用户有时会主动要求创建用户个人信息。在一些情况下，用户个人信息对用户和服务供应商都有利用价值，如存储于跨媒体系统中的用户个人信息。它含有与各个媒体相关的信息，并说明用户设备的技术特征，这样有助于为跨媒体作品顺畅导航，并保证各媒体元素间的连贯性。

95
用户兴趣统计工具

用户兴趣统计工具是对特定信息内容传播情况进行记录、归类和分析的一系列技术手段和工具的统称。传统的用户兴趣统计主要基于用户问卷调查的数据，而新兴互联网用户兴趣统计工具则是通过追踪 IP 地址来进行流量分析。

使用视听用户兴趣统计工具之前，首先选定一组代表不同社会职业和人口类型的家庭。然后将这些家庭的电视机与统计系统相连，一般每人配一个遥控器，便于统计。统计信息会实时发送到用户兴趣统计机构，这些机构会根据社会职业和人口类型对不同频道节目的观众初步进行定性分析。随着交互式网络电视（IPTV）和多功能调制解调器（如三重播放设备）的推广，此类兴趣统计工具也不断发展，能够跟踪和收集所有使用这些设备和服务的用户数据资料。

在当前众多互联网用户兴趣统计工具中，功能最全面、性能最强大的当属"谷歌分析"（Google Analytics）和"点点灵"（Clicky）。二者都是免费工具，但是需要注册，并且要在网站的 PHP 文件中插入一段统计代码才能使用。开始使用后，此类工具会不定期或实时地提供用户数据，包括网站访问人数、访问时间、指向该网站的相关外部链接、搜索引擎关键词以及这些关键词的排名等。

使用"点点灵"可以统计网站视频的观看次数。这些工具提供网站的详尽统计和分析信息，人们从中可以得到离开率统计。所谓离开率，就是进入站点又迅速离开的用户占总用户的比例。这种统计因工具而异。比如"谷歌分析"规定，如果用户只浏览了进入网站时的那个页面而没有继续浏览其他页面就离开的话，就将其视为不满意用户；而"点点灵"除了有上述规则，还增加一条，就是用户必须在进入的页面停留至少 30 秒，才算满意。但这种算法也并非没有缺陷。

根据"谷歌分析"中的统计方法，主要信息都集中在网站首页、且用户都是通过该首页进入网站的情况下才显得合理，而这与在谷歌搜索引擎中所定义的网页收录方法并不一致，可能会造成统计误差。另一不足的是，网络管理员能够利用统计工具，从多个渠道获取网站访客的个人信息。尤其是访客在该站已注册账户的情况下，个人信息就更容易被获取。庆幸的是，统计工具收集的用户信息虽然量大，但原则上不会将信息公之于众，也不会提供给使用此类工具的网络管理员。

诸如此类的统计工具还可以用于统计二维码的扫描情况，以了解广告宣传活动的效果。

这些用户兴趣统计工具不仅有助于网站和应用程序重新调整结构，还能够影响信息的提供方式，并且可以为广告商和广告发布者统计传播效果，并将其作为其业务运转的依据。

96

域名

域名是应用于互联网上的、与互联网协议(IP)地址相对应的、用以识别联网的电子设备位置的一串字符组合,它由若干个从 a 到 z 的 26 个字母和 0 到 9 的 10 个数字及其他符号构成,并按一定的层次和逻辑排列成描述性名称和后缀。

用户在地址栏中输入域名进行搜索，域名系统会即刻寻找与其对应的IP地址，确定其在网络上的位置，并会显示与该用户请求的相关信息。

域的概念借自法律上的品牌和租赁这两个概念。和产品的品牌一样，域名也用来识别产品（即网站）。和品牌不同的是，域名具有唯一性，亦即分别对应两个不同网站对象（或产品类别）的两个相同域名不可能同时存在。而且，在某种程度上，国家及地区代码顶级域名规定了域名的所属国家或地区。注册域名犹如签订租赁契约，目的都是租用空间。而域名空间是虚拟的、仅在首次注册后才真正存在。域名空间也是唯一的，既可通用租赁，也可根据所在国家或地区进行相应的租赁。

域名还是互联网的虚拟实质和现实中领土管辖的唯一交汇点。表面上看，国家是互联网和域名的整体合法管理者。但从历史和实际情况看，域名分配的权利集中在一个总部设在美国加州的非盈利性组织——互联网名称与数字地址分配机构（ICANN）的手中。世界上大多数国家都宣称对本国地域名下的国家及地区代码顶级域名后缀（如.fr和.cn）拥有独立控制权。不过根据国际标准化组织ISO 3166—1国际标准，国家及地区代码顶级域名对应的是地理分区，而非对应控制该地区的主权国家这一更为复杂的地区管理实体。

域名的经济价值取决于其吸引消费者购买的能力，这通常由访问网站的流量大小来表示。这种促销能力的重要性通过网络广告和在线销售的巨大市场价值可见一斑。现在消费者更习惯于依靠搜索引擎查找信息，而不是在地址栏里直接输入地址来获取信息。这一习惯就算不能完全抹杀域名的作用和经济价值，至少也会限制域名的作用、降低其经济价值。域名在搜索引擎的排名中即使有用，也只是湮没在关键词、元标签、点击付费广告等多种排名方式之中。而且，排名系统的结构完全是由搜索引擎的编辑规定的，域名无能为力。

97

云计算

  云计算是一种计算机配置模式,它支持远程服务器上存储的程序和数据的使用,用于解决计算机设备管理方面的技术问题。

根据提供给用户的主要功能划分,云计算可以分为以下几类:

"软件运营服务模式"(SaaS),为用户提供在线软件,谷歌新推出的操作系统(Chrome OS®)正是基于这一模式。

"平台运营服务模式"(PaaS),允许用户在系统兼容的前提下,于在线平台上独立管理和安装应用程序,脸书(Facebook®)的系统应用程序就是该原则的具体实践。

"基础设施运营服务模式"(IaaS),可在数据存储、网络连接、应用程序环境和操作系统等方面给予用户近乎完全的自由使用权。

"云计算"一词源于难以定位的服务器网络组织形式。云计算这一技术正是通过这些服务器来实现的。

小型企业的信息技术基础设施难以自给自足,而云计算正是解决这些问题的有效技术途径。

由于云计算模式中数据存储和使用的位置并不能明确为人所知,一系列围绕隐私保护和数据安全的争论也随之而来。

在云计算应用中,可以由某一国服务商提供数据的云端存储,由另一国的企业导出并使用,而这些数据的物理存储地址很可能位于第三国。

由于不同法律体系对个人数据的保护等级不同,相对于数据提供国而言,如果数据获取国的保护力度较低,数据提供国通常会设置数据传输壁垒。立法部门会制定特别的保护合约,如果用户和客户同意依照合约对其数据进行传输,就会受到法律保护。这样就能避免数据使用超出用户同意的范围,也能防止违反合约管理国国家法律的情况发生。

在合作关系中,作为弱势一方的消费者,其处境很特别。在契约链初始阶段,消费者是自己个人信息所有者,可以授权商业公司使用。公司依照合同条款,依法存储和处理这些信息。但一些法律规定,合同一方的公司只有在数据所有者(初始用户)明确同意授权的情况下,才能将数据上传至第三方数据主机。此外,即使合同规定允许跨国数据传输,实施时仍有可能受到数据提供国颁布的保护性法律的限制。

还值得关注的是,有些法律禁止诸如卫生健康、财务资料等方面的数据存储于数据提供国之外的国家。

98

整合营销传播

整合营销传播（IMC）是指利用用户数据找到与目标市场相关的切入点，并围绕最佳媒体协同营销战略建立有针对性的传播策略。

这个概念不同于全方位营销。整合营销传播主要目的在于锁定目标市场，而全方位营销则主要强调将信息传播应用于各个媒体和传播方法中。

整合营销传播研究目标群体的消费习惯、信息传播渠道以及不同媒体的使用情况。这种研究关注各种媒体的特性，特别关注通过新媒体与消费者进行的潜在互动。

媒体分类可以采用传统分类标准，如根据收视率分类、根据时间和社会职业对媒体的使用情况分类，也可以根据用户的点击流和在互联网上的浏览记录分类。客户关系部门可主要利用客户个人数据来优化营销策略。上述确定目标群体的方法可用于寻找与目标市场相关的切入点，并根据以下几点选择营销策略：效果预期、内容控制预期、短期投资收益预期（销售盈利）、长期投资收益预期（品牌意识、形象和定位）。

媒体整合的效果会因目标市场和预设的关联策略不同而发生变化。在此阶段，整合营销传播需要决策及技术部门做出反应，也就是展开跨媒体协同活动。不同媒体传播信息的效果以及与客户建立联系的差异性，要求营销人员提前设计出项目传播的架构。

跨媒体应用增强了某些媒体在广告传播和销售方面的功效，如消费者不能通过大众媒体直接购买某种服务或产品，但通过诸如电子商务、订阅销售这样的新媒体方式就有可能实现。整合营销传播在制定策略时必须考虑到这些具有针对性和简化的营销传播方式。

实施整合营销传播战略时，需要了解跨媒体应用方面的知识，以预测营销活动的真实影响，这一点至关重要。

智能电视

智能电视是在点对多点传播模式下,将传统大众传媒之一的电视终端与互联网相连,通过数字信号(而非模拟信号)播放节目的新一代传媒。

如今，有些用户已通过 VGA 数据线或 HDMI 数据线将联网的计算机与电视相连，制作出新的电视产品。与传统电视终端相比，这种新型电视产品的变化主要体现在技术层面上，而非内容编辑层面上。视听行业厂商引入智能电视，旨在将用户上网的时间更多地集中在电视上，通过为用户提供精加工后的产品，最大限度地为其创造交互的机会，让他们更好地享受上网的时间，用能上网的电视做更多的事情。智能电视通过互联网，利用数字信号播放节目，能够提供多类频道。以往，用户通过互联网提供商预置的频道套餐获取有限的频道和定制服务；如今，信息传递渠道呈现多元化，用户有新的收视习惯，这种定制方式已显得有些过时。

智能电视为频道和节目的整合以及跨媒体应用提供了平台。有时，通过跨媒体技术，信息内容的接收与播放可由两个不同媒体形式完成。通过智能电视平台，用户可以享受个性化导航服务，节目制作方和广告客户可将用户实时共享、即时超脉络化以及定制化应用模式整合起来。例如，通过智能电视观看篮球比赛时，用户可同时在屏幕上开三个窗口，一个窗口用来观看球赛，一个窗口则可借助社交媒体来发送即时评论，还有一个窗口用来进行实时投注。这种以用户为主体的集中化服务方式能够为现有媒体运作者提供绝好的合作机会。通过智能电视平台，可以更好地开展大型赛事活动的广告宣传合作，信息传输渠道更加多元化，传播范围也更加广泛。

影响智能电视普及度的主要因素不是技术问题，而是缺乏兼顾各电视接线盒生产商、互联式游戏机厂家和预置式电视机厂商的有效标准。如果这些生产商通过使用限制兼容性、设置所有权标准或筛选可用节目的方法来解决互通性问题，将会提高信息内容生产商的成本、降低其利润，从而影响其产品在智能电视领域的经济利益，最终会打击生产商的积极性而导致产品的数量和质量下降。如果一些硬件生产商采取这样的策略，再加上一些互联网服务提供商将频道服务捆绑或与一些频道独家合作，智能电视服务多样化的研发推广势必受到阻碍。

智能电视整合了多种媒体，应用形式多样。但它同时也带来了诸多法律问题。每台智能电视与一个 IP 地址绑定，这样获取个人信息就更加容易。由于节目的互动性，智能电视用户将可以随时共享信息，这就需要对其所发布的信息进行谨慎控制。

100

作品所有权

　　作品所有权是指创作人对其作品享有独立的使用权,具有时效性并可转让。

作品所有权涵盖作品使用权，即所有权人可复制或表演该作品以获取经济利益的权利。主要的作品所有权人是其创作者，创作者既可以是自然人，也可以是公司法人。作品所有权人有权允许或阻止任何使用作品的行为。该权利可以转让或授予第三方。

作品表演权是指作品创作人有权亲自或经过他人通过直播或录播等方式将作品传播给大众。无作品复制活动的远程传播也是一种表演形式。

作品复制权是指由作品创作人选择传播途径在媒体上录制该作品并间接传播给公众的权利。其中，作品创作人有最高话语权，整个过程受相关规定的制约。互联网上的作品是数字化的，将其拷贝到某一载体设备上就成为一个复制品。高带宽网络简化了作品的流通过程，而压缩技术便利了作品的储存，进而加快了复制过程。由于互联网上没有地域划分，传播方式多样，加密系统复杂，因此，互联网上的复制过程很难约束。

作品改编权是指由第三方对当前作品进行改编的权利。该权利由当前作品的创作人决定是否授予第三方。第三方需支付版税才能获得授权。该权利允许创作者保持原创作品的原貌不变。作品改编权对跨媒体作品具有特殊意义。假设有许多不同的创作者，跨媒体作品可以被视作是一系列连续改编的结果。

作品转售权是一种求偿权。根据一些国家的法律，转售作品者应将其后续销售所得利益按一定的比例支付给原文字图像和视频作品的所有权人。作品原创者原先应有的所有权范围扩大了，所获得的经济收益也增加了。转售权是作品内在的精神权利赋予创作者的一项所有权。

作品发布之后，法律为作品所有权设置了几个公认的限制条件。有些国家的法律规定，私人复制是创作者独占权利的一个主要例外，不受该权利的制约。复制来源可能是一件购买的作品，或者是作品传播过程中的录像或录音。复制者可以在未经权利所有人允许的情况下，以非商业性的私人使用为目的（即限于家人或朋友使用）来复制作品。也有一些国家的法律没有给复制下定义，而是通过判断是否为"正当使用"，在法庭上对个案进行具体分析。

互联网上一些富有创造力的活跃分子鼓励创作者完全或部分地放弃其作品的使用权，从而使更多的人能够使用其作品。创作者有时还会鼓励改进其作品的行为。赞同这一观点的创作者有两个可以利用的合法工具：版权共享和知识共享系统。